일본의 신들

日本の神々

일본의 신(神)들

다니가와 겐이치 지음

조재국 옮김

연세대학교 대학출판문화원

First published 1999 by Iwanami Shoten, Publishers, Tokyo.
This Korean edition published 2014
by Yonsei University Press, Seoul
by arrangement with the proprietor c/o Iwanami Shoten, Publishers, Tokyo

머리말

[고사기(古事記)]와 [일본서기(日本書紀)]에 등장하는 신들이 당시의 국가체제에 맞도록 황통계보에 편재되어 정렬되었다는 것은 분명하다. 두 책의 신들은 전사(前史)가 있고, 신화의 배경에는 다른 별도의 이야기가 있었다는 것은 부인할 수 없는 사실이다. 그것은 일본열도에 정착한 사람들에게 민족의식이 싹틀 때부터 매우 기나긴 시간에 걸쳐 형성된 신들의 전사이며 이야기이다. 야요이(弥生)시대 초기부터 8세기 초반 [고사기]와 [일본서기]가 편찬되기 까지는 1200년 이상의 시간이 걸렸다. 이것은 가히 두 책의 편찬시대부터 20세기까지의 시간과 맞먹는다. 두 책은 그 먼 옛날에 관심을 두고, 어머니(妣) 나라, 본(本) 나라, 근(根) 나라, 영원(常世)의 나라 등 여러 가지 친근한 단어들로 신화의 배경을 표현하고 있다.

이런 단어들은 일본인의 영혼이 사후에 갈 세계이자, 일본 민족의 "본향"이라는 의미도 지니고 있다. 아니, 오히려 그것은 일본민족의 끝없는 "본향에 대한 꿈"이라고 말할 수 있을 것이다. 나는 이 꿈이 현대 일본인들이 거의 자각하지 못한 채 그들의 의식 깊숙한 곳에 계승되어 왔다고 확신한다. 일본 신들의 원래 모습을 찾기 위해 그 꿈의 흐름을 거꾸로 거슬러 올라갈 때, 그것은 의외로 일본인의 미래를 향한 출구를 찾을 수 있다는 생각이 든다.

후대에 갈수록 일본의 신들은 변용이 확대되고 있다. 따라서 그런 변용을 그대로 신의 이력이라고 할 수는 없다. 따라서 가능하면 후대의 첨가물을 삭제하고 신의 원형에 다가가려는 노력이 필요하다. 힘이 센 신사신도와 국가신도에 밀려나 있었고, 그 때문에 고풍(古風)을 남길 수 있었던 민속신이나 불교의 영향을 거의 받지 않은 아마미(奄美) 섬, 오키나와(沖縄) 섬의 신들에게서 두 책 편찬 이전의 일본 신들에 관한 자료를 찾게 되었다.

그렇다고 해서 일본 고전과 신사를 가볍게 여길 것은 아니다.

가장 오래되고 가장 불변하는 일본 전통문화의 담지자는 신사와 지명이다. 세계대전 후에 반세기에 걸쳐 생활혁명이 일어나는 가운데, 오래된 전통과 관습이 사라지고 있는 오늘날, 일본인의 종교의식을 전해주는 역할을 담당하고 있는 신사와 지명은 오히려 그 학문적 가치를 한층 더 증대시키고 있다.

시국의 선봉에 서서 국책의 뒤를 따랐던 국가신도가 일본 신들의 본래적 존재모습이 아니었다는 사실은 세계대전 패전의 고통스런 교훈이 증명하고 있다. 전쟁 후에 내가 일본인의 한 사람으로서 마음의 재건을 위하여 추구해 온 것은 국가와 등신대(等身大)의 신이 아니라, 수많은 풍설을 참아내고 일본의 역사와 전통문화를 오늘날까지 전해준 작은 신들인 것이다. 그것은 오래된 신사의 귀퉁이에 놓인 신이며, 농촌마을과 어촌에 남아있는 신, 혹은 수목 아래에 신역(神域)을 나타내는 돌을 놓은 것뿐인 남도의 신, 즉 구석 구석에 거하는, 말하자면 길바닥의 아주 작은 신들이다. 내가 이런 신들에 대하여 관심을 갖게 된 것은 작은 것에 대한 애정 때문만은 아니었다. 그런 신들도 또한 "경외로운 것들"이었다. 그런 "작고" "경외로운" 신들은 분명히 일본인의 뿌리 깊숙이 가로놓인 세계관과 생사관을 해명하는 자료가 될 것이라고 생각하였다.

전쟁 후, 일본인들이 신들을 중시하지 않게 되었을 때, 나는 민속학을 통하여 일본인 신앙의 원형을 찾아보기 시작하였다. 전쟁 때의 열광적인 신의 해코지를 가장 싫어하고 기피한 내가 전쟁 후에 일본의 신을 발견하고자 했다는 사실은 마치 시대에 역행하고 있는 듯이 보일지도 모른다. 그러나 그것은 나에게 필연적인 여정(道程)이였다. 나의 전후사(前後史)는 일본인 한 사람이 다시 일본의 원모습에 접근해 보려고 모색을 계속해 온 불완전한 궤적이다.

이 책은 40년에 걸친 여행을 정리한 보고이며, 그 중에는 때를 따라 발표한 문장을 가필, 정정한 것들도 포함되어 있다는 사실을 미리 알려드린다.

또한 이 책의 출판에 즈음하여 [일본의 지명] [속일본의 지명]을 출판할 때와 같이, 신서편집부의 야마다 마리(山田)씨에게 신세를 졌다. 여기에 감사의 뜻을 표한다.

1999년 5월 19일

저 자

차례

제3장 유찬(流竄 : 流配)되는 신들

제4장 창세신화의 전개

제5장 현인신(現人神)과 원령신앙

제1장

신, 조상령, 요괴

바람 신과 미사키 신

일본 신들의 연원을 탐구해보면, 서양의 신(神)개념과 달리 일본에서는 인격과 의지가 없는 존재를 신(가미)이라고 부르고 있다는 사실을 알 수 있다. 신도(神道)학자 모토오리 노부나가(本居宣長 : 1730-1801)는 "경이로운 것들"을 신이라고 정의했다([古事記伝]). 그의 신 이해는 일본 신에 대한 적절한 정의이며 신의 본질에 대하여 그 이상 말하기는 어렵다. [일본서기(日本書紀)]는 경이로운 존재들의 실례로 호랑이, 원숭이, 뱀을 들고 있지만, 사실 경외(敬畏)나 공포의 감정을 불러일으키는 것들은 세상에 훨씬 더 많다. 의지나 인격도 없이 눈에 보이지 않고 공중에 떠다니는 정령들도 "경이로운 것들" 가운데 하나이며, 그 중에는 특별히 선의나 악의를 가진 것도 아니면서 사람에게 붙어서 복을 주거나 아니면 해를 주는 것들도 있다.

이를테면 고대에는 바람(가제)도 요괴(妖怪)중 하나라고 생각했다. 규슈(九州)지방 사람들은 산이나 들을 걸을 때, 갑자기 한기나 두통을 느끼거나 병을 얻게 되면, 그 이유를 바람을 만났기 때문이라고 생각했다. 그래서 사람들은 "지나가는 미사키 신을 만났다"라든가 "미사키 바람신을 만났다"라고 말하기도 했다. 미사키라는 말은 '앞서다(御先)'라는 뜻으로 신을 선도하는 역할을 한다. 구마노(態野)지방이나 이츠쿠시마(嚴島)에서는 까마귀를 미사키 까마귀라고 불렀는데, 그것은 까마귀가 예지의 능력을 가지고 있다고 믿었기 때문이다. [고사기]와 [일본서기]에 나오는 야다까마귀 이야기가 유명한데, 그 까마귀가 일본의 초대천황인 진무천황(神武天皇)의 동정군(東征軍)을 요시노(吉野)지방으로 안내해 주었다는 것이다. 그렇지만 미사키는 언제부터인가 대신(大神)그룹에서 떨어져 나가 신으로 인정받지 못하고, 공중을 떠도는 정령이 되어 산과 들을 오가는 사람을 괴롭히는 존재가 되었다. 그리고 종국에는 불의의 죽음을 당한 영혼을 미사키라고 부르며 두려워하고, 제사를 지내며 공양을 바치기도 하였다.

후에 미사키는 작지만 해코지를 하는 원귀이기 때문에 신사에 모셔 위무(慰撫)하게 되었는데, [양진비초(梁塵秘抄)]에서 "우시도라미사키(畏御前)는 무섭구나"라고 노래하듯이 사람들에게 공포의 대상이 되었다. "우시도라미사키"는 관사(官社 : 延喜式內社)인 기비츠히코신사(吉備津彦神社, 현재는 吉備津神社)의 본당 북동쪽 구석에 모셔져 있다.

가고시마현(鹿児島県)의 하야토쵸(集人町)나 고쿠부시(國分市)에는 하야가제신사(早風神社)가 있고, 또 가모쵸(蒲生町), 구리노쵸(栗野町)에는 하야가제궁(早風宮)이 있다. 동네에서는 하야가제사라고 부른다. 야마토다케루(倭建命)가 하야토(集人 : 고대鹿児島 원주민)를 토벌하였을 때, 하야토의 영혼을 봉재했다고 전해지나, 오노 쥬로(小野重朗)는 하야가제(集風)나 하야가제(早風) 둘 다 사령(死靈)의 바람, 해코지 바람일 것이라고 말한다. 오노는 불의의 죽음이나 비운의 죽음을 당한 사람의 영혼이 나쁜 바람이 되어 사람들을 해코지 하는 경우는 가고시마(鹿児島)지방에서도 많이 볼 수 있다고 하면서 사츠마군(薩摩郡)의 히와키(樋脇), 이리키(入來)지방에 전해지는 오이치 바람 이야기를 인용하고 있다. 오이치는 불의한 일을 행하였다고 하여 십자가형을 받은 여자인데, 그 후에 사람들이 마을 한 곳을

지나갈 때 자주 오이치바람을 만났다고 한다. 그리고 오이치바람을 맞으면 열병을 앓게 된다는 속설도 있다. 하야가제라는 것도 반란을 일으켜서 비참한 최후를 맞았던 하야토인의 해코지 바람이라는 뜻으로 썼을 것이라고 기록하고 있다([民俗神の系譜]).

후쿠이현 사카이군(福井県坂井郡) 미구니항(三國港)의 북쪽에 위치한 도진보(東尋坊)라는 이름은 절벽에서 떨어져서 비운의 죽음을 당한 악승(惡僧) 이야기에서 유래한 것이라고 한다. 또한 봄부터 초여름에 걸쳐서 원령이 일으키는 서풍도 도진보라고 부른다. 시마네현 야츠카군(島根県八束郡)에서는 그 바람을 도센보라고 부른다.

일본해의 오가반도(男鹿半島)나 도비시마(飛島)에서는 북서풍을 다마가제 또는 다바가제라 부른다. 다마가제는 선장들이 매우 무서워하는 악풍으로 알려져 있는데, 다마가제의 다마는 사령을 말하는 것으로 죽은 영혼이 일으키는 바람을 다마가제라고 부른 게 아닐까 생각된다.

야나기다 구니오(柳田國男)는 [풍위고(風位考)]에서 "다바가제의 다바는 저 세상 즉 영혼이 사는 곳이 아니었을까 생각한다. 그리고 오봉(8월 15일경의 신도제)마츠리 때, 정령님이 오시는 길에 대한 이야기가 다바사상과 어떤 관련이 있을까 하는 주제는 흥미로운 연구과제이다"라고 쓰고 있다. 여기에서 오봉축제의 정령이 오는 길을 언급한 것은 야나기다가 모든 바람을 무서운 사령이나, 원령의 해코지라고는 생각하지 않았다는 증거이다.

야나기다의 제언에 대답할 수 있는 사례는 다음과 같다.

아마미오시마(奄美大島)와 가고시마 사이에 있는 도카라열도의 일곱 섬에서는 일곱 섬의 정월을 지낸 다음, 음력 12월 초하루부터 6일까지 오야다마축제를 행한다. 음력 11월 마지막 날은 도시노요루(한 해의 밤)이다. 아구세키시마(惡石島)에서는 12월 5일, 동네에서 해안까지 가는 "부처님의 길"을 청소한다. 그곳은 오야마다가 통과하는 길이다. 마지막 12월 6일에는 조령인 오야다마가 북방 해상에 있는 고시키지마섬(甑島)를 향하여 떠난다고 한다. 그것을 알리는 것은 네시바바인데 저녁 6시경에 신기를 느끼고, 몸을 떠는 것을 "시게가 왔다"라고 말한다. 그때 청년회장이 "지금, 나가요"라고 말하며 각 집에 알린다. 사람들은 오야다마축제에서 조상의 영혼은 북쪽방향에 임한다고 믿고 있다. 거기에는 조상의 영혼이 나타나서 이동하는 동선을 미리 예정하고 있기 때문에 계절풍이 그 방향에서 불면 그것을 조상 영혼의 움직임이라고 보는 것은 시대를 거슬러 올라가면 갈수록 더 자연스러웠다고 보인다. 그러므로 사령이나 원령과 연결된 바람도 원래는 〈조상령=신의 현시〉라고 믿었던 것이 아닌가 생각하는 경우도 있다.

이세국구와나군(伊勢国桑名郡) 다도신사(多度神社)의 경내에 모신 이치모구렌(一目連)은 외출할 때 바람과 비를 동반한다고 믿어왔다. 지역주민들은 매년 7,8월에 뇌성과 번개가 자주 일어나고 폭풍이 오게 되면, 이치모구렌이 외출하는 것이기 때문에 바람이 그치지 않을 것이라고 하거나, 벌써 외출한 후이기 때문에 바람이 그칠 것이라고 말한다.

또한 후쿠이현(福井県)의 와카세만(若瀬湾) 오시마반도(大島半島)에 있는 니소사원에서는 음력 11월 23일의 조령제 몇 일전에 흐린 날씨가 되면 서로 "아아 벌써 니소제날이 되었구나"라고 말한다. 바람(가제)을 사령(死靈) 혹은 요괴, 귀신이라고 단정할 수 없으며 오히려 그것들이 모두 결합된 것이었다.

조령은 미다마 혹은 오야다마라고 불리우는 것에서 알 수 있는 것처럼, 사람들은 그것을 처음부터 의지와 인격을 가진 존재라고 생각하지 않았다. 이를테면 이와데현(岩手県) 도오노(遠野)에서는 아라봉(新盆 : 죽은 후 처음 맞는 오봉마츠리)을 맞이하는 집안 식구들은 묘지에 가서 죽은 사람의 영혼을 표주박에 담은 다음, 묘지 옆에 놓아둔다. 때로 그것을 들고 집으로 돌아오기도 한다. 이런 행위를 보면 조령을 용기에 넣을 수 있는 다마(영혼)와 같은 존재라고 생각한 것을 알 수 있다.

가미(신)의 원초적인 모습도 이 다마(영혼)와 같은 존재였다고 생각된다. 가미는 평상시에 보이지 않는 곳에 숨어있어서 모습을 보여주지 않는다. 그렇게 생각하는 것은 가미와 구마라는 단어가 서로 관련이 있기 때문이다. 구마라는 단어는 사람의 눈에 띄기 어려운 장소, 가령 길이나 냇가의 모퉁이, 혹은 계곡 안쪽 같은 장소를 가리킨다. 기슈(紀州)의 구마노(熊野)나 히고(肥後)의 구마가와(球磨川) 그리고 구마분지가 그런 곳이다. 한편 신에게 봉헌하는 벼를 구마시네라고 부른다. 시네는 벼를 뜻한다. 신에게 바치는 벼를 경작하는 논을 구마시로라고 부른다. 구마시로는 지명으로 쓰이기도 하는데, [와묘쇼(和名抄)](漢和辞書,源順著,934)에 이와미국오우치군(石見国邑知郡)과 아와지국미하라군(淡路国三原郡)에 각각 구마시로(神稲郷)라는 동네이름이 기록되어 있다. 이렇게 가미와 구마가 관련을 가지고 있는 게 분명하다. 구마라는 이름을 가진 곰(熊)도 굴속에서 숨어사는 습성을 가지고 있어서 그런 이름이 붙여진 것 같다.

숨겨져 있는 신(가미)이 현재화하는 현상을 현현(顯現)이라고 부른다. 관동지방(토쿄)에서는 낙뢰를 오간다치라 부르는데 간다치(神顯)는 신의 현현을 의미하며, 신령의 출현을 나타낸다.

그 중에서도 "거친 바다"는 신의 도래를 나타내는 가장 확실한 징조라고 믿었다.

거친 바다(荒海)

[일본서기]에서는 바다신의 딸인 도요다마히메가 그녀의 남편인 히코호호데미에게 자신의 임신 사실을 알리며,

“소첩, 분명 거친 바람과 파도가 이는 날에 바닷가로 나가리다. 청컨대 나를 위해 산실(産室)을 준비하고 기다리시오(神代下)”
라고 말했다고 한다. 풍파가 심한 날에 온다는 도요다마히메의 말을 듣는 사람은 남편인 히코호호데미가 아니라도 걱정하는 마음을 갖지 않을 수 없다.

매년 음력 10월이 되면, 이즈모(出雲)해안의 맑은 바다가 갑자기 깜깜하게 된다. 그리고 아나지라고 부르는 북서풍이 무섭게 불어와서 해면은 거칠게 소용돌이친다. 이즈모 사람들은 이렇게 급변하는 기후를 “오이미아레(お忌み荒れ : 금기풍랑)”라고 말해왔다. 이즈모대사(出雲大社)와 사다신사(佐太神社)의 가미아리마츠리(神在祭)를 “오이미마츠리(금기제)”라고 부르는 이유는 축제를 위한 근신기간에 부합하듯이 그 때 바다에 풍랑이 일어나기 때문이다.

“오이미아레인가 보네요. 용이 올라왔나요.”
라는 말이 그 때에 인사를 대신하여 쓰인다. 이즈모대사에서는 남방에 사는 세구로바다뱀이 북서계절풍을 타고 이나사하마(稲佐浜)해변으로 떠내려오는 것을 잡고, 그것을 삼방대에 얹어 신전에 바친 다음에 마츠리를 시작한다. 세구로바다뱀은 바다 저편에서 도래하는 용뱀신(龍蛇神)이며, 이즈모의 겨울을 알리는 거친 바다는 용뱀신의 출현과 매우 어울리는 분위기를 자아낸다.

아키타현(秋田県) 오가반도(男鹿半島) 부근에는 늦가을에 눈이 내리기 시작하고 천둥과 함께 바다가 거칠어질 때, 하타하타 고기잡이를 시작한다. 번개를 하타하타신 혹은 하타신이라고 부르는데, 번개소리가 날 때 잡히는 물고기이기 때문에 하타하타라고 부른다고 한다. 천둥(하타하타신)이 소리치는 것은 대어가 잡힐 징조이다. 이렇게 아키타의 어부들은 험한 풍랑이 일어나는 바다로 고기잡이를 떠난다.

음력 5,6월 초하루 전후 한사리 때, 아마미오시마(奄美大島)에서 오키나와(沖縄)에 걸쳐는 새벽 만조를 타고 반드시 수쿠라는 작은 물고기 떼가 밀려온다. 스쿠는 독가시치의 치어이다. 먼 바다에서 부화한 수쿠는 몇 날이 지나면서 큰 무리를 지어 산호초를 넘어 이노(礁池)라고 불리는 얕은 바다로 들어와서 바다 밑 해조류를 먹고 자란다.

스쿠 떼가 밀려온 즈음, 바다는 거친 풍랑이 계속되고, 때로는 천둥소리가 나고, 번개가 섬광을 발하는 경우도 있다. 사람들은 그것을 "스쿠풍랑"이라고 부르고 스쿠가 몰려오는 전조라고 생각하고 한 해도 빠지지 않고 스쿠를 선사해 주는 니라이가나이(바다 저편에 있다고 믿는 섬의 신)에게 고마워했다.

오키나와에서는 스쿠와 함께 이노해저에서 자란 아마모라는 해조(海藻)를 먹기 위해 잔(듀공 : Dugong)이 찾아오는 경우도 있다. 잔은 해령(海靈)으로 풍랑을 일으키는 힘을 가지고 있다고 믿어졌다. 그래서 어부들은 잔을 잡으면 집이 아닌 해변에서 요리를 해서 먹었다. 집에 가지고 가서 먹으면 여주인이 죽거나, 풍랑으로 가족이 불의의 재난을 당한다고 믿었다. 사람들은 거친 바다를 바라보면서 해령의 출현이라고 생각한 것이다.

귀신(가미)과 요괴

야에야마(八重山)에서는 태풍의 징조를 가자네라고 부른다. 섬광 같은 것이 가로로 하늘에 길게 펼쳐지고, 빛 중간에 천할(天割 : 갈라진 하늘)이라는 글자가 가로로 갈라져 보인다. 바다에서 고기잡던 어선들은 그런 장면이 보이면 급히 항구로 귀환한다.

오래전 류규(琉球 : 오키나와의 옛이름)의 옛 민요집인 [오모로사우시]에서는 가자네를 "바람의 뿌리 스사의 뿌리"라고 노래한다. 폭풍을 뿜어내는 구멍이 있는데, 그곳을 바람의 뿌리라고 생각했다. 바람의 뿌리는 스사의 뿌리라고도 불린다. 스사는 거기서에서 나와서 거칠게 불어대는 스사이며, 스사노오라는 이름의 기원이 된 스사라는 것을 알 수 있다.

오리구치 노부오(折口信夫)는 [고대생활의 연구]에서 이시가키시마(石垣島) 미야라(宮良)촌에 있는 해식(海蝕)동굴로 통하는 지하세계에 니이르스쿠(底)라는 곳이 있는데, 거기서 니이르피토(常世神) 혹은 아카마타 · 구로마타 라는 귀신과 같은 거인 둘이 나온다고 하고, 또 폭풍 같은 것도 니이르에서 불어온다고 하는데, 오키나와본도에서도 바람이 잔잔해 지기를 기원할 때 "니라이가나이로 사라져라"라고 한다고 기술하고 있다.

이 글에서 바람구멍(바람의 뿌리)이 니이르스쿠(底)라는 곳에 있다는 것을 추측할 수 있다. 그 곳에서 불어오는 폭풍도 악령이 불게 하는 다마카제와 같은 존재였던 것이 아닐까.

미야나가 마사모리(宮良当壮)는 [야에야마어휘(八重山語彙)]에서 이시가키지마섬에 위치한 미야라암굴(宮良岩窟)에서 내려온 곳에 뿌리의 나라, 바닥의 나라가 있는데, 그곳은 악마의 세계 혹은 암흑세계이며 거기에 거친 신들이 살고 있다고 말한다. 아카마타 · 구로마타도 나빈도우(鍋の凹地)라고 부르는 동굴에서 나왔다가 다시 그곳으로 돌아간다고 기록하고 있다.

악마세계와 암흑세계라는 말은 조금 과장된 표현이라고 해도 그 곳에 거친 신이 산다고 믿은 것은 야에야마에서 행하는 벼와 밤의 수확제 때에 출현하는 아카마타 · 구로마타가 전신을 초목으로 두르고, 귀신가면을 쓰고 있는 것에서도 확인된다. 18세기경에 쓴 [야에야마섬유래기]에

"옛 고미읍(古見邑)의 미하나레(三離嶽)에 무서운 얼굴을 가진 신이 몸에 초목 잎을 두르고 머리를 볍씨로 장식하고 나타날 때는 풍년이고, 나타나지 않을 때는 흉년이기 때문에 사람들이 요모치가미(世持神)라 부르며 참배하러 오는 도다."

라고 한다. 이리오모테지마(西表島)에서 아카마타 · 구로마타는 풍년을 가져오는 신으로 환대를 받는다. 요모치가미(世持神)의 "요(世)"는 벼를 뜻한다. 아카마타 · 구로마타와 같은 귀신이나 요괴도 후에는 자애가 충만한 노인의 모습으로 동네사람들에게 축복을 주는 도코요신(常世神;내세의 신) 혹은 니라이님(大主)으로 진화했다. 그것은 타계영(他界靈)이 가장 정화된 형태이다. 그러나 가미는 원초적으로는 조령, 사령, 요괴 등 셋이 모두 서로 구별되지 않는 존재였다.

조상의 영혼이 정월, 추석, 춘분, 추분에 현세를 방문하고 집집마다 제를 행하여 자손들이 조상과 재회의 기쁨을 나누게 된 것은 이후의 일이다.

제장(祭場)과 장지

일반적으로 죽은 자의 영혼은 사령(死靈)이기 때문에 공포의 대상이지만, 세월이 지나 조령(祖靈)이 되면 조상신으로 숭배된다. 그러나 이 둘은 처음부터 명확하게 나눌 대상이 아니었다. 일본각지에는 모리라고 불리는 성지(聖地)가 있어서 신을 위한 축제장소로 사용되었지만, 본래는 장지(葬地)거나 장지에서 가까운 장소인 경우가 매우 많았다. 오키나와에는 우타키나 구스쿠라고 불리는 제장이 있지만, 나카마츠 야슈(仲松弥秀)에 의하면 오키나와의 고대 촌락인 마키요의 제장은 옛날에 촌락의 장지(葬地)였다고 여겨지고, 지금도 석회암지역에 세워져 있는 우타키나 구스쿠에서 오래된 뼈 조각이 발견된다고 한다. 그것들은 원래 동네를 개척한 가문의 조상에 해당하는 사람들이거나, 무녀나 동네 유력자의 뼈가 아닌가 한다.

또한 오노 쥬로(小野重朗)는 사츠마(薩摩), 오스미반도(大隅半島)에 집중되어 100개가 넘는 모이돈(森殿)이 있고, 그것은 가도라고 불리는 농가의 동족그룹, 대개는 같은 성을 가진 사람들이 만든 것으로 저택부지에 접해 있고, 메밀잣밤나무, 떡갈나무, 장목, 용나무와 같은 큰 나무들이 있는데 그것을 모이돈이라 부른다고 한다. 이외시간에는 모이돈에 축제 가까이 갈 수가 없고, 마른 나무가 떨어져도 땔나무를 주우려는 사람이 없다. 나무 잎사귀 하나라도 가지고 돌아가거나 태우면 바로 해코지를 당한다고 생각하기 때문이다. 오노는 그것을 사령에 대한 공포심이라고 한다. 모이돈이 형성된 모이야먀 중에는 오래된 비석이 있는 데가 매우 많고, 묘지 가까이에 있는 경우도 적지 않다. 그래서 그는 모이돈이 원래 묘지나 장지가 아니었을까, 매장지에 가까워서 죽은 사람들의 영혼을 맞아 제사하기 위한 제장이 아니었을까, 죽은 사람이 보통의 친형제가 아니고 매우 강한 인상을 남긴 특별한 사람이 아니었을까 추측한다. 모이돈에 대한 오노의 의견은 우타키에 대한 나카마츠의 견해와 통하는 점이 있다.

더욱이 오노는 모이돈 모리가 유해 위에 흙무더기를 만들거나 공양을 위해서 흙무더기를 만들고, 그 위에 잘 자라는 나무를 심은 전통과 관련되어 있기 때문에 흙무더기를 만드는 데서 유래하였는데, 중심이 나무로 옮겨져 모리라는 말이 만들어진 게 아닌가라고 말하고 있다([民俗神の系譜]). 이것은 신사의 기원인 모리를 고찰해 볼 때 하나의 시사점이 될 수 있다고 생각된다.

다네가시마(種子島)에는 모이돈과 비슷한 가로야마(가란야마라고도 함)

가 100개 정도 존재한다. 가로는 가람(伽藍)을 말하는 것으로 가람이 자연스럽게 가로로 변한 것이라고 하는데, 원래부터 사원이 있는 것도 아니고, 또 산도 아니고 모리(숲)다. 시모노 도시미(下野敏見)에 의하면 가로야마가 밭 가까이나 저택근처에 있기 때문에 농토를 개척했을 때, 토지를 해코지하기 쉬운 악령을 다른 데로 옮긴 것으로 후에 개척자인 조상도 함께 거기에 모신 것이 아닌가 한다. 가로야마는 악령이 매우 출몰하기 쉬운 성지로 나무를 베어서는 안 되고, 숲에 들어가는 것도 금지되어 있다([ガロー山をめぐる諸問題]).

우타키, 모이돈, 가로야마를 말할 때 빼놓을 수 없는 것은 쓰시마(對馬)나 잇기(壹岐)의 야보사이며, 또한 시게치(茂地)라고 부르는 성지로 그곳에 발을 들여놓는 것만으로 해코지를 당하게 된다는 장소가 많다. 쓰시마 아레(阿連)의 오비데리사마라고 부르는 곳이 바로 그런 곳이며 마츠리 때를 제외하고는 누구도 그곳에 들어갈 수 없다. 일반적으로 쓰시마의 신사와 고분의 분포가 일치하고 있는 것은 나가토메 히사에(永留久惠)의 학설이지만, 아렌에 있는 일곱 개의 시게치 가운데 하나에서도 고분시대의 석관이 출토되었다. 또한 야보사는 동네 조상의 영혼을 위로하는 곳이라는 말이 있다. 본래 야보사가 매장지였다는 사실은 차자(借字)로 야보사(野菩薩)라는 한문을 쓰는 것에서도 알 수 있다. 야보사는 쓰시마, 잇기에 가장 많고 나가사키현(長崎県), 사가현(佐賀県), 구마모토현(熊本県), 가고시마현(鹿児島県)에 있는데 그것도 각 현 서쪽으로 치우쳐서 분포되어 있다.

이것은 구로시오(黑潮 : 동지나해에서 일본남해, 오키나와로 흐르는 해류)가 흐르는 해안에서 볼 수 있는데, 그것은 와가세오시마(若狭大島)의 니소모리(杜)까지 연장할 수 있다. 내가 20여년 전에 니소모리를 방문했을 때, 동행해 준 와카마츠 가록(若松賀六)으로부터 메밀잣밤나무나 후박나무, 동백나무에 더하여 팽나무의 다른 이름인 요나무(余の木)가 있다는 것을 알게 되었다. 그 때 이야기로는 요나무가 니소모리 이외에는 많지 않다는 점에서 요나무를 일부러 심었다는 사실을 알게 되었다. 니소모리의 마츠리는 음력 11월 22일, 23일에 행하여졌다. 니소는 음력 11월 23일 밤 마츠리의 다른 이름인 니쥬소우의 사투리인 듯하다. 가네다 히사아키(金田久璋)에 의하면 니소는 24명(苗)의 개척선조를 모시는 성지이며 과거 산마이(埋葬地) 혹은 고분과 깊은 관계가 있다고 생각되는 제사장소이다. 거기에 모신 조상신은 그 지역에서는 아라미다마라고 믿고 있으며 해코지가 심한 정도는 모이돈과 똑같다. 니소모리는 현재 32개가 넘는데, 그 중에 "마타모리"는 "마타의 산마이"라고도 부른다. 또한 "하마네의 모리" 일각에 있는 하마네(浜禰)유적을 조사해 보니 인골이 출토되었다.

여기서 알 수 있는 것은 제장(祭場)과 장지(葬地)가 불가분의 관계를 가지고 있다는 사실이다.

시마네현 야츠카군(島根県八束郡)의 미호노세키쵸가다하라(三保関町方原)에서는 11월 27일 마츠리 날에 집집마다 짚을 가지고 와서 3미터 정도의 짚으로 엮은 뱀을 만들어 동네에 있는 신목(神木)에 매어 놓는다. 그 다음 당번 댁에 모여 12개의 신장을 만들어 마루에 장식한다. 사제(神職)가 이것에 하라이식(정화식)을 행한 다음, 무우 나마스와 술로 연회를 베푼 후에 모두가 신장, 시토기단고, 신주(神酒) 등을 가지고 신목으로 가서 그곳에서 축전을 행한다. 신장을 볏짚으로 만든 뱀에 꽂아놓은 다음에 해산한다. 이 아라가미(荒神 : 난폭한 신) 가까이에는 미사키계곡이 있다. 또 시마네현 이즈모시 노부하타(出雲市延畑)의 가마이시다니(釜石谷)에서는 일곱 가정이 윤번으로 사제역할을 한다. 11월 21일 아침, 사제 집에 모든 집의 주인이 모여 신장을 세우고 마츠리를 행한다. 이것이 끝나면 아라가미라 여기는 신 나무에 금줄을 묶고 신장을 세우고 절한 다음에 각자 집으로 돌아간다.

이 아라가미(荒神) 마츠리에서 주의할 것은 장례습속인 "먹고 헤어짐"을 상기시키듯 제전에 앞서 공동식사를 행한다는 것이다. 그래서 축제 후에는 연회가 없다. 여기서는 사령-조상신 제사를 연상시키며, 이런 예는 미호노세기죠(美保関町) 일대와 이즈모(出雲)산간에서 볼 수 있다고 시라이시 아키오미(白石昭臣)는 기술한다([山陰地方のモリ-荒神・大元神]).

신사(神社)의 원형

일본 각지의 사례들을 보면, 제장과 장지가 무언가 관련이 있다는 사실을 알 수 있다. 그것들 가운데서도 모리(숲)라고 부르는 곳이 많은데, 그것은 울창한 삼림이 아니라, 나무가 몇 그루 자라는 곳을 말하고 있다. 그것은 강신(降神)을 위한 빙의(憑依) 모리로서 존재하는 것이다. [만엽집]에는 신사라는 한자를 모리라고 읽는 경우가 몇 군데 있지만, 거기에는 도리이(鳥居 : 신사입구의 대문), 참배당, 본당도 없고, 신을 알리는 특별한 나무만 있으면 모리라고 불러도 괜찮았다. 오키나와의 우타키는 신의 빙의라고 생각되는 구바나 아자카 등 수목으로 둘러싸인 공터에 성역을 표시하는 작은 돌을 놓은 정도에 불과하다. 우타키라는 말도 본토에서 온 말인데, 오키나와에서는 더 오래 전에 모리라는 단어가 쓰였다고 추정된다. [오모로사우시]에는 수리모리(首里森)나 마다마모리(真玉森)라는 말이 나온다. 모리도 우타키와 똑같이 높은 장소만이 아니라 평지에서도 많이 발견된다.

[일본서기]에는 수우진천황(崇神天皇) 6년(기원전 91)에 야마토의 가사누이읍(笠縫邑)에 아마데라스오미가미(天照大神)를 봉재하였는데, 그 때 히모로기(神籬 : 빙의나무)를 세웠다고 기록되어 있다. 가사누이읍은 히바

라신사(檜原神社)의 경내에 있었다고 한다. 히바라신사에는 참배당이나 본당도 없는데, 미와야마(三輪山)를 신체(神體 : 신이 내리는 물체 혹은 장소, 신장대)라고 한다. 현재에는 도리이가 세워져있지만, 도리이마저도 필요하지 않던 시대가 있었다.

신이 강림하는 장소는 상록수로 둘러싸여 있었는데 마츠리가 끝나면 히모로기(신장대)를 바로 부셔버리는 것이 관례였다. 후에 제장에 작은 가건물을 세우고 그대로 두게 되었다. 그것이 야시로의 원형이다. 야시로는 마츠리에 사용할 작은 가건물을 세운 토지를 가리키는 말인데, 그것이 언젠가 신사를 나타내는 단어가 되었다. 신사를 나타내는 말에 미야(宮)라는 단어도 있다. 미야는 원래 신을 위한 마츠리를 행하는 뜰이었다. 건물이 꼭 필요없는 것이 미야이다. [일본서기]에는 민다츠천황(敏達天皇) 14년 8월 조항에 "왕의 미야(뜰)"라는 말이 나온다.

오키나와에서는 지금도 뜰을 미야라고 부른다. 오키나와본도 동남쪽에 위치한 구다카지마(久高島)에서는 마츠리를 행하는 광장을 우돈마(御殿庭)라고 부른다. 우는 어(御), 돈은 제장에 세우는 건물로서 신 마츠리에 사용하는 신 아샤게와 똑같은데, 처음부터 상설건물이 있었던 것은 아니다. 구다카지마에서 20년마다 행해지고 있는 이자이호 마츠리에서는 마츠리 전날 작은 가건물을 만들고, 거기에 여신들이 들어가는데 마츠리가 끝나면 즉시 헐어버린다. 미야를 미야(御屋)라고 해석하려는 경향도 있지만, 그것의 본래 의미는 전해지지 않는다. 신을 위한 마츠리를 행하는 광장이 미야이며, 거기에 세우는 작은 가건물이 후에 미야라고 불리게 되었다고 생각된다.

이렇게 보면, 앞서 예를 든 우타키, 모이돈, 야보사, 니소모리 등은 신사의 원형을 탐구하는데 매우 중요한 자료를 제공하고 있음에 틀림없다.

산궁마츠리(山宮祭)

야나기다 구니오(柳田国男)의 [산궁고(山宮考)]는 1947년 6월에 [신국학담(新國學談)] 제2권으로 간행되었다. 그의 논문 가운데 다음과 같은 내용에서 간행의도를 알 수 있다.

"설령 중세이후 신도설(神道說)이 잘못이라고 한다면, 그렇게까지 본래의 길에서 멀리 벗어나게 된 사정이 무엇인지 밝히지 않으면 안 된다. 매우 어려운 작업이지만, 그것을 정리하는 책임도 나에게 있다."

야나기다(柳田)와 오리구치(折口)는 사람들이 뭐라 해도 일본의 패전은 국가신도의 패배임에 틀림 없다는 사실을 잘 알고 있었다. 두 종교학자들은 일부 지식인들이 국가신도를 무효라고 선언한 것과는 다른 길을 가려고 했다. 왜 그런 것인가. 야나기다와 오리구치의 민속학은 국가신도와 날카롭게 대립하는 입장에 있었지만, 민속학이라는 학문의 성질상, 국가신도와 서로 공유하는 영역에서 연구를 축적해 왔다. 표면상의 그런 유사점 때문에 전시 중에 민속학은 탄압을 피할 수 있었지만, 고통스러운 자기억제를 감당해야 했다. 그래서 패전의 타격으로 국가신도가 파멸될 때, 야나기다는 민속학의 입장에서 신도문제를 새롭게 제기하여 고쳐야 한다고 생각했을 것이다. 그것이 야나기다가 말한 "책임"의 의미였다고 추측된다.

야나기다가 패전직후에 시도한 일은 중세시대부터 일본신도에 덧붙어진 역사적 부가물들을 신중하게 도려내어 신도를 원초적 모습으로 환원시키는 것이었다. 그 작업은 제(祭)와 장(葬)이 분화하고, 죽음에 대한 극도의 결벽과 청정관(淸淨觀)이 신사신도를 지배하기 전으로 신사를 돌려보자는 시도였다. 야나기다는 이세신궁(伊勢神宮)의 사관(祠官)인 아라기다(荒木田)와 와다라이(度会) 두 사람이 전해들은 신궁제사(山宮神事)에 있어서의 제장과 장지의 연결점을 담대하게 입증하려고 했다.

내가 [산궁고]에 큰 감동을 받고, 그 현장을 방문한 것은 1976년 춘삼월이다. 이세시(伊勢市)의 서쪽 길을 따라 가면 다마키죠(玉城町) 츠부라(積良)라는 곳에서 산록에 맞닿는다. 산 오른쪽 계곡이 츠부라계곡이라고 불리는 계곡으로 후에 산규우(山宮)계곡이라고 불리게 되었고, 또 현재는 센구(泉貢)계곡이라는 한자를 쓰고 있지만 이세신궁의 내궁네기(內宮禰宜 : 고급사제)인 아라기다(荒木田)씨가 산궁마츠리를 행하는 장소이다. 산궁마츠리가 그 때까지는 동네사람들의 손으로 이어지고 있었다. 왼 쪽 계곡은 시이노오계곡(椎尾谷)라고 불렸는데, 그곳은 아라기다(荒木田)씨의 다른 문하인들이 산궁마츠리를 행하던 곳이다.

야마미야계곡 옆 산길을 걸어 올라가면 푸르른 안개로 둘러싸인 이세평야가 보인다. 산길 왼 쪽에 에도시대에 만든 센구지(泉貢池)가 있고, 맑은 수면에 조용한 숲의 자태를 반영하고 있다. 이 호수가 있기 전에는 나무가 많은 숲이었는데, 그곳에 산궁마츠리의 제장이 있었다고 하나 지금은 수몰되었다.

산궁마츠리는 기노메제사(木目神事)라는 별명을 가지고 있다. 전에는 음력 3월 중 길일을 택하여 마츠리를 행하고, 신 앞에 새 순을 넣은 쌀떡(粢)을 바쳤다. 산에 사는 조상신을 모시기에 가장 좋은 봄 축제였던 것이다.

츠부라계곡에는 세 곳의 제장이 있는데, 매년 교대로 마츠리를 행하였던 것 같다. 현재도 남아있는 제장은 센구지로 이어진 길이 구부러지기 시작하는 곳에 오른쪽 산으로 들어가는 장소에 있었다. 검게 그으른 세 개의 돌계단이 삽조에 눕혀 있고, 그 위에 몇 개의 오래된 비쭈기나무(榊 : 神木)가 가지를 내리고 있고, 그 앞에는 제물을 바친 흔적이 있었다.

고도바천황(後鳥羽天皇) 때 쓰여진 [겐규(建久)연중행사]에는 기다고(城田鄕)의 츠부라계곡의 산궁마츠리 장소에는 신사라고 할 만한 것이 없으며, 다만 땅에 돌을 놓고 거기서 마츠리를 행했다고 기록되어 있다.

그리고 덴메이(天明) 8년(1788년)에 내궁네기인 나가가와 츠네마사(中川経雅)가 아라기다씨족의 씨사(氏社)와 산궁마츠리 제장을 순배(巡拜)하고 기록한 [씨신마우데노기(氏神まうでの記)]에도 "다만 돌무더기를 모아서" 제장으로 사용했다고 보고하고 있다. 나가가와 츠네마사는 또한 다음과 같은 광경을 목격하고 있다.

> "숲 속에 흙이 높게 쌓인 장소가 있다. 연유가 있는 듯, 분명 고분인 것 같이 보인다. 옛 일을 생각하니 소매가 젖는다. 이는 곧 우리 아라기다 옛 조상들의 묘지이리라."

나가가와 츠네마사의 원래 성은 아라기다로 츠부라계곡에서 산궁마츠리를 행한 사제가문에 속해 있었다. 그가 산궁마츠리 제장에서 오래된 장지 흔적을 발견한 것은 중요한 일이다. 만일 산궁마츠리 제장 가까이 아라기다의 장지가 있다면 그것으로 산궁제사의 성격을 추정할 수 있기 때문이다.

야나기다도 그 사실을 눈치 채고 있었던 것 같다. [산궁고]에서 "신도명승지(神都名勝誌)에는 오른쪽 츠부라계곡의 산궁마츠리 제장을 아라기다가의 조상 묘라고 명기하고 있다. 기록에 의한 것이든지, 아니면 고고학적 실사에 기초한 것이든지, 아무튼 그것이 확실하다면 나의 주장은 아주 가능성이 많다"고 말하고 있다.

[산궁고]에서 가장 주목해야할 점은 산궁마츠리를 행할 때, 마츠리에 앞서 술과 밥을 가져다 먹는 연회의식을 행하는 사실을 지적하는 부분이다.

> "이것에 대하여 내가 가장 중요하게 생각하는 것은 음식을 먹는 식사회가 모든 마츠리에 앞서 행하는 행사라는 것이다. 참가자 일동이 모여서 임시로 사당(祭殿)을 만드는데, 그것이 완성된 것을 점검한 다음에 자리에 앉아 먼저

공동식사를 한다. …그렇게 하여 식사가 완전히 끝나면 차와 과자를 먹는데, 식사가 끝난 후에 유유히 흐르는 계곡물로 입을 씻고, 손을 씻고 그 때부터 시작하는 당일의 산궁마츠리를 준비하는 것이다. 나오라이(直会)라는 말을 쓰고 있지만, 마츠리에 바친 떡과 음식을 나누는 아이니에(相饗 : 신과 인간의 공동식사)는 전혀 없고, 다만 나눈 음식을 가지고 돌아갈 뿐이다."

마츠리 후에 신인공식(神人共食)인 나오라이가 행해지는 일반적 상식과는 달리, 산궁마츠리에서는 "구이와카레(食別 : 장례에서 사자와의 이별식) 식사라고 볼 수 있는 신인의 이별식사"의식이 마츠리에 앞서 행해진다. 그것이 무엇을 의미하는가에 대하여, 야나기다의 머리 속에 그려진 것은 장의행사의 장면이었다는 것은 상상하기 어렵지 않다.

마츠리가 끝난 후에 돌아가는 방법도 다르다. 산궁마츠리가 끝나면 와다라이(度会)가문의 자손은 가제노미야(風宮) 뒷길인 복기로(服忌路), 즉 부정(不浄)탄 자의 전용도로를 통하여 돌아가야 했다. 그것은 산궁마츠리만이 아니라 일 년에 두 번 행하는 씨신마츠리(氏神祭)의 경우도 마찬가지이다. 마츠리를 시작할 때, 구이와카레(食別) 의식을 행하고, 마츠리 후에 복기로를 통하여 돌아가는 형태의 마츠리는 이세신궁에서 네기가 주재하는 씨신마츠리나 산궁마츠리에서 볼 수 있다. 이것은 한편 기이하기도 하지만, 그것을 아주 옛날 장례법의 잔재라고 생각하면 쉽게 이해할 수 있게 된다. 야나기다는 산궁마츠리를 통하여 매우 소박하고 엄숙한 마츠리의 흔적을 추적함으로써, 매장된 사자의 영혼이 육체를 떠나 높은 산에 올라 조령이 된 후에 자손을 지켜준다는 신앙을 입증하였고, 이 츠부라계곡(야마미야계곡)도 깊은 계곡 속에 있던 장지들 가운데 하나라고 했다.

츠부라(積良)라는 지명도 어딘가 독특한 느낌을 가지고 있다. 나가가와 츠네마사(中川経雅)는 "이 동네를 츠부라(都夫良)라 부르는 것도, 먼 옛날의 묘지 등이 있기 때문이라"고 말하고 있다. 그리고 묘지의 부정타는 말을 츠부라(土村)라고 부른 것은 츠지무레(土群)에서 유래하기 때문이고, 묘지는 관을 놓고, 흙을 높이 덮은 것이기 때문에 츠부레(土村)라 한다고 설명하고 있다. 츠부라는 동그란 것을 형용하기도 하기 때문에 작은 원분(圓墳) 혹은 흙 만두형의 묘지를 의미하는 것일지도 모른다.

츠부라의 반대편인 시이노오계곡(椎尾谷)에서 행하던 아라기다씨 가문의 산궁마츠리 제장은 후에 우지(宇治) 나가무라의 오다니(小谷;尾谷)라는 곳으로 이전하고 말았다. [신궁전략(神宮典略)]의 오다니야마노미야(尾谷山宮)의 조항에 나가무라의 오다니라는 것은 가라가미야마(韓神山)의 산록으로 계곡물이 있는 곳이라고 기록되어 있으며 가라가미야마에 관해서는 다음과 같이 기록하고 있다.

"이것은 아라기다 가문의 야마미야(山宮)로 조상 묘에 제사하는 곳이라. 지금은 숲이 우거지고 거대한 바위도 있는데, 이 바위를 향해, 동쪽을 향해 제사한다. 더욱 조상의 분묘에 제사하는 것은 조정에서 천황릉에 제사하는 것과 같은 의미이리라. 지금도 가문의 자손들인 네기가 순번을 따라 제사한다."

산궁마츠리가 조상의 묘에 제사하는 것이라는 사실은 여기서도 분명하다. 나는 츠부라를 떠나서 구스베촌으로 흐르는 이스즈천의 천변을 헤매다가 겨우 가라가미야마(韓神山)를 찾았다. 그러나 그곳에는 암자만 하나 있을 뿐, 볼품없는 대나무 숲이 되고 말았다.

다이쇼(大正) 7년(1918) 오니시 겐이치(大西源一)는 가라가미야마를 조사하고 다음과 같이 기술하고 있다.

"계곡의 입구는 기타나카(北中 : 中村)와 구스베(楠部) 사이를 흐르는 이스즈천 본류에 맞닿아 있다. 좌우는 산이 높은데, 그 사이는 직경 100미터도 되지 않는다. 지류를 따라 200미터정도 내려가면 오른쪽에 산중턱이 보이는데, 산은 높이 90미터정도로 암벽을 이루고 있다. 암벽 밑이 옛날 산궁마츠리의 제장이었다는 말이 전해지고 있다. 전후좌우에는 높이 90센티미터부터 45센티미터까지 크고 작은 여러 모양의 오륜탑이 잡초가 우거져 있는 가운데 흩어져 굴러다니고 있다([荒木田氏の氏社及山宮祭場]国学院雑誌二四の八)."

또한 오니시는 다음과 같이 기술하고 있다.

"동네 사람들은 제장 근처에서 뒤를 돌아보는 것을 금기시 한다. 그것을 범하면 반드시 이변이 일어난다고 전해지고 있어 두려워하고 있다. 같은 전설이 와다라이씨의 산궁마츠리 제장에도 남아있다고 한다."

장례식에 참가한 사람들이 뒤를 돌아보지 않고, 억새나 자갈을 던지고 돌아가는 예는 남도에서 자주 볼 수 있지만, 쓰시마의 소도가하마(卒土浜)에도 이와 유사한 습관이 있다. 죽은 자의 나라에서 현세로 귀환하는 자가 뒤를 돌아보는 것을 금하는 터부는 세계에 널리 분포되어 있다. 이런 것으로부터 산궁마츠리 제장이 과거 장지였다는 사실이 이미 움직일 수 없는 사실임을 알 수 있다.

[신궁전략(神宮典略)]에서 "산궁(山宮)이란 선조의 분묘를 제사하는 이름이고, 씨사(氏社)란 조상의 영혼을 제사하는 곳이니 서로 다르다"라고 한 간략한 정의가 여기에도 해당된다.

이세(伊勢)의 와다라이가문의 산궁신사의 경우에는 미리 어린 벼, 억새, 고사리, 봉을 준비하여 야마미야(山宮)로 그것을 운반하여, 제장에 임시로 신당을 만들고, 마츠리가 끝나면 바로 부셔버렸다는 이야기가 [호우주고우다이신궁(豊受皇太神宮)연중행사금식(今式)]에 기록되어 있다. 이것은 산궁마츠리나 씨신마츠리(氏神祭)도 제장의 원형이었다는 것을 말한다. 그리고 와다라이가문의 산궁마츠리 제장은 마에야마(前山)에서 다가구라야마(高倉山)의 동남중턱에 있는 외궁신역(外宮神域) 안의 용계곡(滝谷)으로 이동하였는데 지금은 확실한 흔적이 남아있지 않다.

야나기다가 [산궁고]에서 주장하려고 한 것은 조상의 장지가 있는 산록이나 계곡에서 행한 산궁마츠리가 씨신마츠리의 원형이 아닐까 하는 것이다. 만일 그것이 확인된다면 과거의 조상제는 부정(不淨)한 장소로 기피하는 제장에서 행하였고, 그래서 조상인 사자(死者)와 자손인 생자의 관계가 오늘날의 씨신과 씨자의 관계보다 훨씬 긴밀했다는 사실은 의심의 여지가 없다. 산궁마츠리가 조상을 매장한 장소에서 행해지고, 씨신마츠리도 많은 경우 그것과 공통되는 면이 있다는 사실은 가장 소박하고 오래된 형태를 보여주는 마츠리와 사자(死者)가 연결점이 있다는 것을 말해 준다. 그것은 사체의 부정을 극도로 기피하는 신도의 관념이 결코 마츠리의 원초적인 모습을 반영하거나 계승한 것이 아니고, 후대에 만들어진 것이라는 사실을 증거하는 것이도 하다.

불교가 전래된 이후에 사체의 부정(不淨)은 불자(佛子)의 관리하에 넘어가고, 신사는 단지 신을 위한 마츠리 장소라고 생각하게 되었는데, 신이 원래 조령(祖靈)인 경우에 조상을 묻은 땅에서 그 조상 영혼에 제사하는 것은 자연스러운 일이다. 오늘날도 신사경내에 고분이 있는 경우가 많다. 고분과 신사가 관계가 없는 경우도 있지만, 고분 앞에서 만든 제장에 덧붙여 신사가 세워진 경우도 매우 많다. 그러나 후대의 부정에 대한 강한 경계심, 특히 사체부정을 가능하면 회피하려는 신사신도의 입장 때문에 제장과 장지의 친밀한 관계가 단절되어 버린 것이다.

다만 민간 세계에는 원초적 형태가 계속 살아 숨쉬고 있다. 남도의 우타키나 구스쿠, 다네가시마(種子島)의 가로산, 사츠마(薩摩)의 모이돈, 쓰시마(対馬)의 야보사나 시게치, 와가사오시마(若狭大島)의 니소모리 등은 제장과 장지가 일치하거나, 양자가 매우 가까운 거리에 나란히 있는 경우이다. 이것들은 일본 마츠리의 원형을 보이고 있다는 점에서 웅장한 사원을 가진 신사보다 오히려 중요한 존재라고 말하지 않을 수 없다.

제2장

외래혼(外來魂)과 수호신(守護神)

벼 정령(稲霊)

원초적인 신(가미)은 비인격적이고 비의지적인 존재였기 때문에 정말 다마(靈)라고 부르는 것이 적절했다. 오리구치 노부오(折口信夫)는 "옛날 사람들도 영혼 그 자체에는 인격이라 할 만한 명확한 생각과 기억을 가진 존재라고 믿지 않았고, 영혼을 자유로운 상태에 있는 것으로 생각했다"고 말하고 있다([民族史観における他界観念]).

다마는 인간 이외에도 존재했다. 또한 다마는 상대가 누구든 달라붙기도 하고 또 자유롭게 떨어지기도 했다. 말의 영혼(言靈)이란 말이 행운을 가져다주는 능력을 가지고 있다고 생각하기 쉬운데 반드시 그런 것만은 아니었다. 미야고지마(宮古島)근해의 섬인 오가미지마(大神島)에서는 음력 9월이 되면 남에게 들은 욕을 물이 담긴 대야에 모으고, 대야 물을 동네 길모퉁이로 가지고 가서 버린다. 그것이 욕을 한 상대를 해코지하는 주력(呪力)을 가지고 있다고 믿었기 때문이다.

여기서 벼 정령의 예를 보자.

음력 8월, 아마미오시마(奄美大島)의 아라세츠(新節)마츠리에서 행하는 시차가마와 히라세(平瀬)만카이는 벼의 정령을 영접하는 행사이다. 아마미오시마의 북부에 위치한 다츠고우촌(竜郷村)의 아키나(秋名)에서는 다부쿠로(田袋)라는 넓은 논이 보이는 산 중턱에 마츠리 전날 작고 조잡한 집을 세운다. 작은 집은 한 쪽 지붕을 땅에 붙여 비스듬히 세운 것인데, 지붕을 햅쌀 볏짚으로 덮는다. 아라세츠날 새벽에 노인에서부터 어린이들까지 많은 남자들이 그 지붕 위에 올라간다. 동네의 여자들은 집 앞 도로에서 그것을 바라본다.

이윽고 동네의 구지라고 불리는 신 역할을 하는 남자 두 명이 지붕 위에 서서, 논을 향하여

> 사니(佐仁)와 야니(用仁)의 벼 정령(稲霊)도 동쪽과 서쪽 이츠부(伊津部)의 벼 정령도, 모두 아키나의 넓은 들로 모여 주셔서 터질 만큼 알찬 열매를 주시고 벼 정령의 이름을 높이게 하소서.

라고 기원한다. 그리고 지붕 위에 올라간 사람들 모두 함께

> 서쪽에서도 흘러 흘러, 동쪽에서도 흘러 흘러
> 동서의 벼 정령, 불러 모으세

라고 노래하면서 한 시간 정도 작은 집을 흔들어 부순다. 작은 집이 땅 바닥에 넘어지면, 남자들은 둥그렇게 원을 그리고 돌면서 무너진 볏짚 지붕을 밟는다. 동네노인은 그 때 "아부시마쿠라(畦枕)"라는 주문을 외우는데, 이것은 볍쌀이 잘 여물어 무게를 견디지 못하여 쓰러져서 논두렁(아부시)을 베개(마쿠라)로 삼을 정도로 풍년이 되기를 기원하는 것이다. 그러나 내 생각에 시차가마는 벼의 산실(産室)이고, 이나다마(穀靈)의 부활을 촉구하기 위하여 작은 집을 부수는 것이 시차가마 행사일 것이다.

그 날 오후, 해 질 무렵이되면, 아키나 주민들은 해안선을 따라 히라세

(平瀨)가 있는 모래사장으로 모인다. 히라세는 파도가 치는 바닷가의 물 빠진 바닥에 드러난 평평한 바위인데, 가미히라세(神平瀨)와 메라비히라세(女童平瀨)라는 바위 두 개가 수십 미터 떨어져서 마주보고 있다. 가미히라세 위에는 다섯 명의 무녀(노로)가 올라가고, 메라비히라세 위에는 무녀의 보좌역인 남녀가 열 명이 올라간다. 양쪽 바위에 올라간 사람들이 마주보고 수평으로 한 양손을 좌우로 움직이며 춤추고 노래한다. 이것을 히라세만카이라고 부른다. 만카이라는 말에는 불러서 연다는 뜻과 화답송이라는 뜻도 있다고 한다. 무녀들이 부르는 노래 가운데는

옥석에 올라 어떤 복을 받을거나
동서의 벼 정령님 불러 맞이하라

라는 노래가 있다. 아마미오시마에는 벼가 네리야에서 온다는 이야기가 전해 온다. 만카이가 끝나면 노로들이 바다 저편에 있는 본향인 네리야 쪽을 향하여 절한다. 네리야로부터 벼 정령을 불러 맞이하기 위해서이다.

벼의 정령은 매우 변화무쌍한 정령이라고 알려져 있고, 조금만 마음에 들지 않아도 다른 곳으로 가버릴 수 있기 때문에 정중히 환대해야 한다. 특히 볍씨가 나올 시기는 벼의 정령이 볍씨로 들어가는 때이기 때문에 사람들은 발소리마져도 조심하며 정성을 다했다.

벼 정령의 노여움을 나타내는 것으로서는 [분고국풍토기(豊後国風土記)]의 한 문장에 나오는 떡 표적이야기가 있다. 떡을 표적으로 하여 활을 당기자 그 떡이 하얀 새가 되어 날아가 버렸고, 그 후로는 밭을 갈 수 없을 정도로 황폐하게 되었다는 이야기다.

벼 정령은 이렇게 인간과 같은 감정이 있다고 여긴다. 그래서 아마미오시마에서는 이나다마가나시라고 부르며 숭배하고 있다. 가나시는 존칭이

다. 그러나 벼의 정령 자체가 명확히 인간적 형상을 가지고 있는 것은 아니다. 벼의 정령은 우케모치노가미라든가, 오오게츠히메라든가, 도요우케노가미라든가, 미게츠가미라고 불리며 신격화가 진행되면 인격신이 되는 것이다. 여기서 우카(ウカ), 우케(ウケ)는 식물을 나타내는 케(ケ)에 경어 우(ウ)를 붙인 것으로, 벼와 같은 곡령(穀靈)이며 근본적으로 벼의 정령이 분명하다.

여기에서 한 마디 덧붙이면, 천황의 일생에서 가장 중요한 의식인 번잡한 대상제(大嘗祭)도 자세히 살펴보면 새 천황이 이나다마(穀靈)를 먹고, 마도코오부스마(真床覆衾) 의식을 통하여 새로운 위광을 얻는데 그 목적이 있는 것이다. 이나다마는 벼에 들어있는 정령이며 또한 천황영(天皇靈)은 이츠(稜威)라고 불리는 외래혼(外來魂)인데 이 둘이 모두 가장 원초적인 신(가미)에 포함된다. 다음에 알아볼 세지도 그렇다.

세지(霊力)와 케

남도에서 특별히 중요하게 여기는 것은 세지라고 불리는 영력(靈力 : 靈威)이다. 아마미오시마(奄美大島)나 오키나와(沖縄)에서는 자주 "여자는 남자보다도 세지가 높다"고 말한다. 이 말은 여자가 남자 보다도 신에 가깝다는 뜻이다. 또한 "저 딸은 사(サー)가 높게 태어났다"고도 하는데, 사는 세지를 뜻하는 말로 사가 높다는 것은 영력이 높은 여자아이이기 때문에 장래 노로(神女 : 무녀)가 되거나 신점(神占)을 칠 소질이 있다는 의미이다. 이런 예에서 보면, 영력은 본래 사람에게 구비되어 있는 것처럼 보기 쉬우나 그렇지 않다. 어릴 때, 예언을 잘 적중시키던 여자아이가 자라면서 맞히지 못하게 되는 경우도 많은데 그것은 세지가 사라졌기 때문이다. 즉 세지는 고유의 영력이 아니라 외부로부터 부착된 영력인 것이다.

류규왕국의 최고 무녀인 기코에오오기미(聞得大君)의 취임식인 고아라오리(御新下)는 사이후아우타키(斉場御嶽)에서 행하여진다. 의식에서는 호카마(外門)노로가 기고에오오기미 머리에 왕관을 씌우고 "기고에오오기미(聞得大君)의 어세지(치피진미우시지)"라고 노래하고, 신전에 바친 세 개의 씻은 쌀을 기고에오오기미의 머리에 올려놓고 신명(神名)을 지어드린다. 이 때부터 니르야세지(니라이가나이신의 영력)가 기고에오오기미에 들어가게 되고, 오오기미(大君)는 땅의 신이 된다. 이것이 기고에오오기미의 취임식에서 행하는 세지붙이기 행사이다. 이것은 천황영이 붙어야 비로소 천황의 자격을 얻는 것과 같은 의미를 가지고 있다.

나카하라 젠쥬(仲原善忠)는 [오모로사우시]에 나오는 세지라는 말을 분석했다([セヂ(霊力)の信仰について]). 그의 분석에 의하면, 세지를 노래한 [오모로]는 80수나 있고, 다음이 가미 60수, 데다 50수, 데르카와 30수의 순서로 되어 있다. 이 가운데, 가미라는 말의 대부분은 무녀를 가리킨다. 또한 데다는 원래 태양인데 국왕, 지방영수, 귀인 등의 비유이다. 나카하라는 데르카와가 태양을 가리키고, 인간을 지칭하는 경우는 없다고 말한다. 거기서 특히 세지의 신앙이 발군의 위치를 차지하고 있다는 사실을 알 수 있다.

영검(靈劍)은 "세지마츠루기", 가미토마리(神泊)는 "세지아라 가미도마리", 영문(靈門)은 "세지마사루가도구치(門口), 영두(靈杜)는 "세지다카모리(高杜)라고 부른다. 세지라는 말을 붙이면 검, 항구, 문, 숲(杜)이 다른 존재로 변한다. 세지는 사람의 매개에 의한 것뿐만이 아니라 그 자체의 움직임에 의하여 특정 장소에 머무른다. 오키나와의 우타키와 제장(祭場)은 세지가 붙어야 비로소 신성한 장소가 된다. 이렇게 세지는 그것이 부착된 것을 신성화시키는 영력을 가지고 있지만, "그 본질에는 어떤 합리성도 가지고 있지 않고, 인격적 규범을 동반하지 않기 때문에 윤리적 도덕적 색채를 띠지 않으며, 특히 저급한 미신의 소굴이 된다고 생각하지만, 고급종교와도 결합할 가능성이 있다"는 사실을 나카하라는 역설한다.

이 말은 다마, 사치, 이츠 등 외래혼의 성격을 규명하는데 참고가 된다.

나카하라는 [오모로사우시] 가운데서 세지와 동의어로 보이는 단어에 세(セ)와 케(ケ)가 있다고 말한다. 기고에오오기미(聞得大君)의 별명인 세다카코는 "높은 세지인"이라는 뜻이며 "품위있는 사람"이라고 한다. 후자는 일본 본토에서도 사용되고 있는 단어이다.

[오모로사우시]에는 "세지를 이기고 케오를 붙여서"라든가 "세해라 케있다" 등으로 세지와 그 약자인 "세"와 "케"는 대구(對句)로 되어 있는 실례들이 보인다. 그렇다면 세지와 대응하는 케도 마나(비인격적, 초자연적인 힘, 모든 것에 붙어서 전이됨)의 일종으로 보아야 한다. 오리구치 노부오(折口信夫)는 세지, 스지, 시지 등이 마나신앙에서 보이는 바와 같은 수호령(守護靈)이라고 기술하고 있다(오키나와 방언에서는 세지와 스지도 시지라고 발음한다).

앞서 말했듯이 본토에서는 식물을 케라고 하는데, 이것은 케라는 외래혼이 붙은 식물을 몸에 넣는 것으로써 활력이나 위력을 얻는데서 유래한다.

그와는 반대로 물건에 붙은 케의 활력이 파열되어 노출되는 것이 하레(ハレ)이다. 그래서 하레에는 보통 허락되지 않는 난폭한 행동도 허락된다. 마츠리나 반란진압 등이 하레 날의 행동이다. 하레와 케는 서로 다른 윤리와 가치에 의해 지배된다. 하레기(晴着 : 예복)에 대하여 게기(褻着 : 일상복)라고 말하는 것처럼 검소하고 드러나지 않는 복장을 일상복라고 하는데, 처음부터 케에 그렇게 겸손한 이미지가 있었던 것이 아니다. 그렇게 말하는 것은 케가 물건에 활력을 주는 외래의 영력이기 때문이다. 케에 일

상이라는 의미가 강조된 것은 하레와 대응하는 형태로 해석하기 때문이지 본래의 의미는 아니다.

케를 물건에 내재하는 에너지라고 해석하고, 그것이 시들기 때문에 게가레(氣枯)라고 하는 것은 부당하다. 케가 붙으면 물건은 활력을 얻고, 케가 떨어지는 것이 게가레(氣離)이며 에너지가 사라지는 것이다. 그 극점은 바로 죽음이다.

우부(産)

남도(南島)와 본토를 막론하고, 사람들은 놀랐을 때 혼(魂 : 다마시이)이 몸에서 빠진다고 생각해 왔다. 다마가르는 "혼이탈(魂離)"이라는 뜻으로 몸에서 떨어져 나간 혼을 오래 두면 돌아올 기회를 잃어버리고 죽음에 이르는 경우가 있다고 한다.

야에야마(八重山)에서는 혼을 마부이라고 칭한다. 마부이는 마모리에서 유래한 단어이다. 어린아이가 갑자기 발열을 하든지 힘없이 원기를 잃어버릴 때는 아이의 나이만큼 삼베실로 매듭을 꼬고, 둥근 원을 만든다. 그 원 속에 아이의 몸에서 떨어져 나온 마부이를 넣는 동작을 한다. 다음에 삼베실로 만든 매듭을 아이의 목에 걸어준다. 그것이 아이의 몸속에 마부이를 다시 넣는 주술로 "마부이넣기"라고 부른다.

혼(다마시이)을 우부라고 칭하는 지방도 있다. 혼이 몸에서 떠나면 활력을 잃어버린다. 우부도 같은데 다만 우부(오부)는 우무(産)와 관련 있는 단어로 여기서도 알 수 있는 것처럼 어린아이가 태어날 때부터 아이를 지켜주는 수호신 역할을 한다는 점에서 우부는 다마, 사치, 세지, 이츠 등에는 없는 인간적인 측면을 가지고 있다.

가츠라이 가즈오(桂井和雄)에 의하면 고지현(高知県) 다카오카군 유스하라쵸(高岡郡檮原町)에서는 피곤해 하는 아이를 안고, "우부여 돌아오라, 혼이여 돌아오라"고 외치면서 집 주위를 세 번 돌면 금방 원기가 돌아온다고 믿는다고 한다. 이것은 우부가 빠졌을 때 쓰는 주문이다. 또한 아기의 첫 신사참배를 "오부넣기 참배"라고 칭하는 곳도 있다([俗信の民俗]).

"오부넣기 참배"나 "마부이넣기"는 오부나 마부이가 몸에서 빠져나오기 쉽다는 생각을 전제로 행하는 의식이다.

토사시미즈시(土佐清水市)에서는 어린이들이 돌차기를 즐기는데 자기 돌이 계속 지게 되면 돌에 숨을 불어 넣기도 하고, 침을 묻히기도 하고 손에 올려 놓기도 하는 주술을 사용하는데, 이것을 "오부를 넣는다"고 말한다(桂井和雄[土佐民俗]第一号). 그러나 "오부넣기" 주술은 어린이만 하는 것은 아니다.

고지현에서는 배의 속도가 나지 않으면 배 정령(船靈)님의 오부가 빠져서 그렇다고 생각하며 "근성을 넣기"위하여 배 끝을 노로 때린다. 이 경우에 오부는 혼과 같은 것이다.

가츠라이는 오부라는 말이 고지현에서 여러 가지의 용법을 가지고 있다고 한다. 예를 들면 가장 수확이 많은 밭을 오부전, 물건의 주요부분을 오부, 혹은 제례의 최고조를 오부라고 칭하는 곳도 있다. 더욱이 고지현에서 목재를 취급하는 사람들은 소나무나 노송나무의 단면 중심부에 있는 빨간 부분을 우부 혹은 오부라고 말한다.

이런 것은 아마미오시마나 오키나와에서 우타키(御嶽)라고 칭하는 제장의 중심부를 왜 우부라고 칭하는지를 설명하는데 도움이 될 것이다. 그곳은 신에게 제사하는 사제만 들어갈 수 있는 성역이다. 우부에는 신이 깃들어 미아레(탄생)를 행하는 원시적 공간이라는 의미가 포함되어 있다고 보인다.

우부가 혼과 같은 뜻을 가지고 있고, 또 탄생과 관계가 있는 말이라는 것은 확실하다. 어린아이가 주위에 아무도 없는데도 혼자서 배냇 미소를 짓는 것을 우부와라이(웃음)라고 말하고, 우부가미(産神 : 삼신할머니)가 다독 거려주기 때문이라고 말하는 곳이 있다. 잠시도 떠나지 않고 애기를 지켜주는 것이 우부가미의 역할인 것이다.

사귀(邪神)와의 싸움

사람의 일생 가운데 최대 위기의 순간은 태어날 때다. 탄생 때에는 생과 사가 아직 확실하지 않기 때문에 새 생명을 해코지하려는 사악한 귀신이 틈새가 있으면 끼어들려고 주위를 맴돌고 있다. 산모는 사귀에 대한 대책으로 갓 낳은 아기 머리 곁에 엑스자로 엮은 억새다발을 놓기도 하고, 또 아제(綜)라고 하여 열십자 모양의 베틀을 놓아두기도 했다.(宮城文 [八重山生活誌])

갓 태어난 아기가 처음 외출할 때에도 얼굴에 솥검댕이로 엑스자나 십자를 그렸다. 이것을 야츠코 혹은 야스코라고 부른다. 엑스 인이나 십자 인은 사악한 귀신의 침입을 방지하는 주술이다. 사귀와의 싸움은 태어나자마자 시작된다. 아마미오시마에서는 아기가 응애하고 배냇 울음을 우는 동시에 집사람이 문 밖으로 뛰어가서 "이얀하츠야 우가사치야도"라고 큰 소리로 외치면서 끝이 뽀족한 막대를 정문위의 지붕에 꼿는다(金久正[奄美大島に生きる古代文化]).

이야는 이외이야(斎矢忌矢 : 전쟁 때 적중하기를 빌며 시위를 당긴 신성한 화살)이다. 최초의 이외이야(신성한 화살)가 이얀하츠인데, 아기의 배냇울음을 들은 사귀가 이것을 먼저 꽂으면 아기가 나쁜 운명 아래서 살게 되기 때문에 우부가미(産神)가 먼저 기선을 제압하는 것이다.

기카이지마(喜界島)에서는 아기가 태어나면 어머니의 배꼽이 붙어있는 동안 가족 누군가가 우부가미를 대신하여 이야기를 꽂는다. 기카이지마의 이야기는 억새 줄기 세 개를 길이 약 40센티미터로 잘라 만든 것이다. "마가 낀다"는 말도 여기서 유래한 것이리라.

빗자루 신(箒神)과 변소신

출산할 때, 빗자루신과 변소신이 지켜본다는 전설은 각지에서 찾아볼 수 있다. 그 중에서도 빗자루 귀신이 오지 않으면 아기가 나오지 못한다고 하여 산파가 빗자루로 산모의 배를 다독거리며 "어서 쉽게 나와 주세요"라고 빗자루 귀신에게 안산(安産)을 기원하는 곳이 규슈(九州)지방에 있다. 영아의 다마시이(魂)가 빠져 나오기 쉽게 빗자루로 소리를 내어 그것을 모은다는 사고가 고대부터 있었는데, [고사기]에서 아메노와카히코(天若日子)의 장례 때, 상가(喪家)를 짓고, 백로를 빗자루로 소리 내어 쫓았다고 기록되어 있는 것에서 알 수 있다. 이 오리구치설을 따라서 마키다 시게루(牧田茂)도 빗자루 신의 역할을 해설하고 있다([日本の民俗]).

빗자루 신을 우부가미(삼신할머니)라고 부르고, 산실(産室) 구석에 빗자루를 세워 놓고 안산(安産)을 기원하는 주문을 외우는 곳이 많았다. 산실에 볏짚 다발을 세워놓고 우부가미로 모신 곳도 있다. 나가노현의 스와(諏訪)지방에서는 산실 벽에 볏짚 한 다발을 세워 놓고, 우부가미가 볏짚을 허리에 차고 출산의식을 진행한다는 이야기가 전해진다. 그것은 산모가 볏짚 다발을 겹겹이 쌓아놓고, 볏짚에 의지하여 출산하는 좌산(坐産)습관과 관련이 있는 게 틀림없다.

출산 때, 변소귀신이 지켜보는 이유에 대하여 아직까지 납득할만한 설명을 찾을 수 없었으나, 나는 그것을 똥(糞)의 주력(呪力)으로 사귀를 쫓은 것에서 유래한 것이라고 생각하고 있다.

도치기현(栃木県) 마시코마치(益子町)에서는 아기가 태어난지 일곱째 날 축하식을 할 때, 산파가 아기를 앉고 변소로 데리고 가서 인분을 먹이는 흉내를 낸다. 이것을 변소참배라고 한다. 나가노현(長野県)이나 군마현(群馬県)에도 아기가 태어난지 삼일 혹은 일곱째가 되는 날에 변소참배를 한다.

수목이 많지 않은 남도에서는 바닷가에 흘러들어오는 나무가 귀중한 건축자재로 쓰였다. 나무를 발견하여 집으로 가지고 온 다음 잠시 동안 돼지우리에 놓아두어 똥 냄새로 나무에 붙은 악령을 떨어뜨리는 관습이 있었다. 메이지(明治)시대까지 돼지는 변소에서 사육되었고, 인분을 먹고 성장했다.

류규국(琉球国)에서는 변소에서 태어난 아기를 은타(武太)라고 명명하게 되어있는데, 사귀에게 사람의 아기가 아니라 돼지의 아기라고 속이려 한데서 비롯된 것이라고 한다. 오키나와에서는 남자가 태어나면 친척에게 큰 여아이가 태어났다고 말했다고 이하 후유(伊波普猷)는 기술하고 있다. 옛날 오키나와에서는 사귀의 질투를 피하기 위하여 사내아이가 외출할 때 너무 좋은 옷은 입히지 않았다.

가네히사 다다시(金久正)에 의하면 아마미에서 메이지(明治)초기 호적부에 기록된 인명에 구소가네(糞兼), 아하(赤)마리, 마리코 등의 이름이 있었다고 한다([奄美大島に生きる古代文化]). 그 가운데 "마리"는 똥을 싼다는 뜻이다.

또한 미나미가타 구마구스(南方熊楠)는 고대 일본인에게 게구소(毛屎), 구소(久僧), 오구소(小屎), 오구소(男屎), 구소마로(屎麿), 구소코(屎子) 등의 이름이 있었다고 소개한다([小児と魔除]).

아이누(오키나와인)의 아기는 울음소리를 흉내 내어 '아이아이'라고 말하고, 데네푸 데네푸(오물투성이)라고도 한다. 2, 3세가 되면 폰숀(작은 똥), 4, 5세가 되면 쇼다쿠(똥 덩어리)라고 부른다. 좋은 이름일수록 악령의 목표가 될 가능성이 높기 때문에 일부러 지저분한 이름을 붙이는 것이다([風土記日本]北海道篇).

이렇게 똥(糞, 屎)이라는 이름을 즐겨 붙이는 것도 더러운 똥으로 사귀를 물리치자는 의미에서 그렇게 부른 것이다. 따라서 아기가 태어나면 바로 변소참배를 시킨 것도 똥의 주력에 의하여 사귀의 해코지를 피해보자는 행위였을 것이다.

산신(山神) 초대

동북지방과 관동지방에서는 출산이 시작되려 할 때, 급하게 산신(山神)을 부르는 관습이 있다.

이바라기현(茨城県) 다가군 다카오카촌(多賀郡高岡村)에서는 난산(難産)을 할 경우에 가족이 안장을 놓은 말을 타고 산신을 부르러 간다. 가다가 말이 멈추면 산신이 탄 것이라고 믿고 집으로 돌아온다([山村手帖]).

산신(山神)이 우부가미(産神)가 된 이유에 대해서는 변소신처럼 아직 신통한 대답이 없지만, 나는 다음과 같이 생각한다. 곧 산신은 지금은 막연히 산을 지배하는 신이라고 알고 있지만, 전에는 그렇지 않았다. 산신은 산신령이라고 불리는 동물의 왕이며 일본에서는 늑대(狼)나 곰(熊)이었다. 노루나 늑대를 잡았을 때, 그것의 심장과 고기를 바치는 것은 산의 왕인 늑대나 곰에게 먹을 것을 받았다는 감사의 마음 때문이다.

미나미가타 구마구스(南方熊楠)에 의하면, 기슈(紀州)의 산 속에서는 늑대를 늑대라고 부르는 것은 금기이고, 대신에 산신이라 부른다고 한다. [산신초지(山神草誌)](南方熊楠保存顯彰會藏)를 보면 늑대의 모습을 한 산신이 동물들을 이끌고 상좌에 앉아 있다.

늑대는 한 번에 일곱 여덟 마리의 새끼를 낳는데 늑대가 새끼를 낳았다는 말을 들으면, 출산축하를 위해 좋아하는 소금을 가지고 가는 습관이 각지 산촌에 있었다. 다마(多摩) 산속에는 아기 때 잘 자라라고 늑대 젖을 먹고 자란 노인이 살았는데, 그 때문인지 나이가 백세 가까이 되었고, 패전 후까지 살았다는 보고가 있다.

신슈(信州)의 오다리(小谷)에 가까운 산촌에서도 늑대를 산신령이라고 불렀다. 산신이 새끼를 낳으면 우부야시네(産養)라고 말하며 과자와 떡을 두꺼운 상자에 넣어서 바쳤다. 그리고 신슈의 가미이나(上伊那)지방에서는 늑대의 출산축하를 위해 오곡찰밥을 준비했다. 또한 갓 태어난 새끼를 헤이보우(灰坊) 도령이라고 부르며 축하했다. 신슈의 고마가네시(駒ケ根市)의 고젠지(光前寺)절은 하야다로(早太郎)라는 충견을 모시는데, 이것은 헤이보다로(兵坊太郎)가 하야다로가 된 것이다.

천 마리의 늑대전설도 출산과 관련이 있다. 고지현 아키군 사키노하마무라(安芸郡佐喜浜村)의 노네야마(野根山)에 출산 소나무라는 유명한 고목이 있다. 이 소나무는 지상 4미터정도의 높은 곳에 가지가 옆으로 구부러져 있는데 그 가지가 편평하게 되어 있어 대여섯 명이 편안히 앉을 수가 있다고 한다. 옛날에 여행하던 여성이 이 나무 위에서 출산을 했다고 하는 전설이 있는데, 후대까지 안산(安産)을 위한 부적으로 쓰기 위해서 그 소나무를 벗겨서 가지고 갔다. 어느 날, 출산나무 바닥에서 쉬고 있던 임산부가 수십 마리의 늑대에게 위협을 당해 나무에 올라갔다. 늑대들은 망루를 만들어 공격하였지만 그녀에게 미치지 못하자 "대장간 할머니를 불러 오겠다"고 했다. 그리고나서 백발의 큰 늑대가 왔는데, 그 늑대는 다른 늑대들의 어깨 사다리를 타고 나무로 올라왔다. 임산부가 가지고 있던 낫을 휘둘러 죽이니 늑대들이 사방으로 도망갔다. 후에 조사해 보니 백발의 큰 늑대는 대장간 할머니를 잡아먹기 위하여 스스로 할머니의 모습으로 변해 있었는데, 늑대의 정체를 드러내며 공격해 온 것이었다.

천 마리의 늑대이야기 속에도 늑대와 출산의 관계가 어떤 것인지 알 수 있다. 늑대는 개와 비슷하게 생겼고, 안산(安産)하는 동물이기 때문에 그 덕을 보기 위해 출산 때 산신령인 늑대를 부르는 풍속이 생겨난 것이라고 생각된다.

곰도 산의 왕자였다. 에치고(越後) 산촌에서는 한 번에 곰을 몇 마리 죽인 경우, 또는 오래된 곰을 죽였을 때는 반드시 산에 풍파가 일어난다고 믿었다. 이것을 "곰해코지"라고 부른다고 에도시대(江戸時代)의 스즈키 보구시(鈴木牧之)의 책인 [호쿠에츠설보(北越雪譜)]에 기록되어 있다. 내가 아키타현(秋田県)의 아니(阿仁)에서 들은 이야기로는 곰의 오비(자궁)를 잘라내어 그것을 건조시킨 것을 종이에 싸 배에 둘러 임산부의 안산을 위한 부적으로 쓴다고 한다. 이것은 곰의 출산이 쉽고, 또 산기(産氣)가 없을 때도 사람이 곰 굴 근처를 지나가면 곰이 금방 출산해 버린다는 사실에서 은덕을 보고자 한 것이다. 곰의 배 안쪽에는 고래수염 비슷한 띠 같은 것이 붙어있다. 이것을 곰의 복대라고 칭하고 안산의 부적으로 애용한다. 이것은 나가노현(長野県) 이나(伊那)지방의 사례다. 니이가타현(新潟県) 가리와(刈羽)지방의 산지에서도 곰의 말린 소장을 임산부의 복대 사이에 넣어둔다([綜合日本民俗語彙]). 두견새가 음식물을 자유자재로 먹고 마시며 토해낼 수 있기 때문에 목에 가시가 찔렸을 때, 두견새의 기관을 건조시킨 것을 부적으로 사용하는 것과 같은 논리이다. 두견새의 깃털로 도요다마히메(豊玉姫)의 산실 지붕을 덮었다고 [일본서기]에 기록되어 있는 것도 그것이 안산의 부적이기 때문이다.

이렇게 곰과 늑대가 출산을 쉽게 한다는 것 때문에 산신을 영접하여 안산에 도움이 되게 하자는 관습이 생겨났다. 그러므로 곰이나 늑대가 많은 동북지방에 산신을 영접하는 풍속이 눈에 띄는 것도 납득이 간다.

우부스나(産土)

우부가미(産神)처럼, 우부스나(産土)도 산실(産室)과 깊은 관련이 있다. 1973년, 나는 츠루가시(敦賀市) 서쪽에 위치한 다테이시(立石)반도를 처음으로 방문하였는데, 서포칠향(西浦七鄕)이라고 불리는 각 촌락에는 사용을 멈춘 지 십여년 밖에 지나지 않은 작은 산실이 아직도 남아 있었다.

다테이시반도는 산이 바닷가까지 접하고 육지는 매우 좁아서 각 촌락을 연결하는 데는 오직 배를 이용해야 했다. 파도가 높은 날에는 해안으로의 왕래가 두절되었기 때문에 산모가 고속선을 빌려서 츠루가시 병원으로 달려가는 일은 더욱 불가능한 일이였다. 그래서 자연히 옛날부터 작은 산실에서 아기를 낳는 습관이 있었고, 이것은 1960년대 다테이시반도 해변바닥에 원자력발전소를 건설하기 위해서 도로가 건설될 때까지 계속되었다.

내가 방문하였을 때 죠규(常宮)의 작은 산실은 물가에서 겨우 십 미터밖에 떨어지지 않은 곳에 있었는데, 지금은 물건두는 곳으로 사용되고 있었다.

주인노인에게 안내를 받았지만, 산실 오두막의 한 방은 다다미(畳 : 191×95.5cm) 3장 넓이에 취사용 솥이 놓여 있고, 다다미 4장 넓이의 다른 방은 천정에 매인 동아줄이 그대로 남아있었다. 노인의 설명으로는 출산오두막의 바로 밑에 모래를 놓고, 그 위에 지푸라기를 놓고, 그 위에 돗자리나 멍석을 겹쳐놓고 산모는 허리에 볏짚다발을 대고, 낡은 이불에 기대면서 웅크리고, 동아줄을 잡아당기며 아기를 출산하였다고 한다. 산모가 바뀔 때마다 모래와 볏짚을 새로 깔았다. 모래를 무엇이라고 부르는지 물어보니 노인으로부터 "우부스나"라는 대답이 돌아왔다. 당장 나는 "월요통신"(1943년)에서 읽은 야나기다 구니오의 말이 생각났다.

> "우부스나 문제, 지금은 이것에 대해 대답할 수 없다는 것은 이상하지 않을까, 우부가 사람이 태어나는 일과 관련이 있으리라고 말하는 것 말고는 나는 거의 아무 것도 말할 수 없다."

아나기다(柳田国男)는 또 이렇게 말한다.

> "여러분의 고향이나 사는 동네에서 책 속의 지식이 아니라, 지금도 우부스나라는 말을 실제로 알고 쓰는 사람이 있을까. 만일 있다면 무엇이 우부스나일까. 그것과 우지가미(씨신)라는 말과 같을까 아닐까. 만일 다르다면 어떤 점이 다를까."

야나기다는 책 속의 우부스나 해석으로는 만족하지 않고, 민간에서 실제로 사용되는 예가 없을까 하고 질문하고 있는 것이다.

그것에 대하여 나는 가와바타 가메지로(河端亀次郎)라는 1904년생의 죠규노인으로부터 작은 산실의 모래를 우부스나라고 한다는 확실한 대답을 들을 수가 있었다. 후에 조사해 보니 죠규 가까이 위치한 노마(縄間)에서도 작은 산실의 모래를 우부스나라고 부른다는 사실이 알려졌다.

[민속학사전](야나기다 감수)에 "우부스나가미라는 땅의 모래를 멀리 여행할 때 수호(守護)로 품에 넣고 다니는 예는 많다. 그러나 우부스나의 어원은 잘 알 수 없다"고 기술되어 있으나 우부스나가 작은 산실의 모래라면, 그 모래를 피부에 묻혀서 여행할 때 중요한 호부(護符)로 삼았다는 뜻이 된다.

서포칠향(西浦七郷) 가운데 작은 산실에 모래를 뿌린 곳이 구츠(沓), 죠규(常宮), 노마(縄間)의 세 개의 어촌들이며 흙으로 뭉쳐진 곳이 다테이시(立石), 우라소고(浦底), 이로가하마(色が浜), 데노우라(手の浦)의 네 촌락이다. 우부스나에 산토(産土) 혹은 생토(生土)라는 글자를 쓰는 것은 산사(産砂)에서 산토(産土)로, 즉 작은 산실의 바닥이 모래에서 흙으로 변한 것을 의미한다.

고대에도 작은 산실에 모래를 까는 것은 807년에 인베노히로나리(斉部広成)가 저술한 [고어습유(古語拾遺)]에 보인다.

> "아마츠오야히코호노미코토(天祖彦火尊)가 바다의 신인 무스메도요다마히메(女豊玉姫命)를 만나 히코나기사노미고토(彦瑘瀲尊)를 출산하시었다. 출산이 가까울 때, 바닷가에 우부집(산실)을 지으시었다. 그 때, 가무모리노무라지(掃守連)의 먼 조상인 아마노오시히토미코토(天忍人命)가 모든 일을 도맡아, 볏짚을 만들고 게를 쫓아 보내더라. 또한 깔 물건을 마련하며, 이윽고 그 일을 직무로 수행하니, 이름을 가니모리(蟹守)라고 하더라(지금의 풍속에 이것을 가무모리라고 말하는 것은 그 말을 바꾼 것이다)."

이 문장에서 분명한 것은 산실(産室)을 해안에 지었다는 사실이다. 도요다마히메(豊玉姬)가 낳은 히코나기사노미고토의 이름이 그것을 증명한다. 실제로 죠규(常宮)에서나 다테이시반도에서 작은 산실은 모래사장에서 조금 밖에 떨어지지 않은 곳에 지어졌다. 그래서 게(蟹)가 산실에 들어와 모래 위를 기어 다녔다. 그러니 빗자루를 가지고 게를 쫓아 보내는 것도 별로 이상한 일이 아니었을 것이다. 이와는 별도로 빗자루 신은 우부신(産神)을 의미하고, 게는 신생아를 축복하는데 사용되었던 동물이다. 아마미오시마(奄美大島)에서는 해변에서 작은 게를 잡아온 다음에 게가 신생아의 얼굴 위로 걷게 하거나 작은 게를 넣은 국을 만들어 신생아에게 마시게 하기도 하였다. 게가 껍질을 벗는다는 점에서 신생아에게 맞는 것이라고 생각한 것이다. 남도에서는 뱀이나 게가 껍질을 벗는 것을 스데르라고 하는데, 그것은 인간이 젊어지는 것, 재생을 의미한다.

다테이시반도 끝에 위치한 시라키(白木)라는 어촌에서는 출산 때마다 작은 산실을 태워버리고 새로 다시 지었다고 한다. 시라키에서 십리정도 산길을 넘어가면 에치젠(越前)과 와카사(若狭)의 경계를 넘어 뉴(丹生)로 들어간다. 그곳은 오래된 어촌인데, 포구의 중심에 위치한 곶(岬)에는 뉴(丹生)대교가 세워져 있으며 원자력발전소로 들어가는 입구이기도 하다. 뉴에는 지역공동으로 사용한 산실은 없었다. 그 대신에 각 집에서 출산 때마다 짚으로 지붕과 벽을 만든 겨우 한 평 정도의 작은 산실을 마당 끝에 지었다. 모래 섞인 흙 위에 짚을 놓고, 그 위에 돗자리를 까는 것은 다른 지역과 같았다. 첫아이를 친정으로 돌아가서 출산하는 관습도 다른 지역과 다르지 않다.

다만 독특한 점은 뉴에서는 첫아이는 33일간, 둘째는 27일간의 산실생활이 끝나면 작은 초가집을 불에 태워서 없앤 다음, 바다에 버린다는 것이다.

오도 유키(大藤ゆき)는 [산육의 민속(産育の民俗)]에서 "작은 산실의 가장 오래된 형태는 필요에 따라 짓고 끝나면 바로 부숴버린 게 아닌가 생각한다."고 기술하고 있다. 사쿠라다 가츠노리(桜田勝徳)도 [바다의 종교(海の宗教)]에서 사츠마(薩摩) 남부의 다카라지마(宝島)에 있는 산실을 예로 들면서 "작은 산실의 크기는 약 3미터 정도이고, 대나무 가지의 지붕, 대나무 가지의 벽이나 흙벽으로 지은 작은 산실은 상설이 아니고 출산 때마다 만든 것 같다"고 기술하고 있다. 세가와 기요코(瀬川清子)는 [산실에 대하여]에서 "고풍의 산실은 출산한 산모 한 사람을 위해서 새로 지었고, 사용한 후에는 부수거나 자연히 낡아 없어질 때까지 방치해 두는 임시시설이었을 것이다"라고 말한다.

그렇지만, 불에 태웠다는 곳은 다테이시반도 외에는 보이지 않는다. 여기서 나는 [고사기]에 고노하나사쿠야히메가 문이 없는 큰 집을 짓고, 그 속에 들어가 흙을 발라 문을 막고, 그 집에 불을 붙이고 출산했다는 기록이 생각났다. 산실에 불을 붙여서 태운 것은 출산의 더러움을 씻기 위한 행위였다. 또한 고대부터 탄생은 사자(死者)의 나라에서 생자(生者)의 나라로 이주하는 것이라고 생각하였기 때문에 재생을 재촉하기 위해서도 필요했다. 미가와(三河)의 꽃 축제에는 백산(白山)이라는 작은 집을 만들고 그 속에 망자모습을 한 사람을 들어가게 한 후에 작은 집을 부수고 재생을 촉구하는 의식이 있다. 또한 앞서 언급한 바와 같이 아마미오시마에서는 작은 초가집(시챠가마) 지붕에 많은 남자들이 올라가서 흔들어 부수는 행사를 한다. 이것은 벼 정령(稲霊)의 재생을 촉진시키기 위한 의식일 것이다.

다테이시반도의 작은 산실은 동네에서 공동으로 사용한 것이다. 그곳에서는 출산 때마다 바닥에 깐 모래와 볏짚은 바꾸었지만 집을 부수지는 않았다. 그러나 이것은 후대의 관습으로 원래 산실은 출산이 끝나면 불에 태우는 게 원칙이었다고 생각된다.

교토 아마다군 미와죠(天田郡三和町)의 오하라(大原)라는 동네에도 산실이 잘 보존되어 있다. 그것은 완전히 천지근원형(天地根元型 : 지붕의 처마가 땅에 닿은 건물)으로서 지붕의 볏짚 처마가 지면까지 닿아 있고, 입구의 벽도 볏짚으로 엮었다. 여기서 나는 1974년에 백 살 가까이 된 가타야마 도메(片山トメ)라는 할머니에게 말을 걸어 물어볼 수 있었다. 그녀의 말에 의하면, 이 산실은 전에는 억새지붕이었고, 메이지시대까지는 산실에서 아기를 낳았는데 그 때마다 산실을 새로 지었다고 한다. 후에는 집안 바닥에 볏짚을 깔고 거기서 출산을 하였는데, 산모는 다음날 아침에 바로 산실에 들어가 삼일 밤낮을 지냈다고 한다. 약 5평방미터 정도의 좁은 산실에는 개울 모래를 깔았고, 그 위에 볏짚을 놓았는데, 마루는 깔지 않았다. 마루를 깔면 난산, 마루를 거두면 안산이라는 이야기가 있다. 산실의 모래는 안산의 수호신이라고 생각하여 오늘날도 모태를 동네 사람들(氏子)에게 나누어준다는 이야기도 있다.

여기서도 작은 산실이 매번 새롭게 지어졌다는 것과 산실의 모래를 중요하게 생각하였다는 사실을 말하고 있다.

왜 산실에 모래를 깐 것인가. 모래 위에 볏짚을 놓으면 마루바닥의 틈새에서 바람이 들어오는 것을 막아주어 추위의 고통을 피할 수 있다는 것이다. 더욱이 모래는 지열을 가지고 있다. 무엇보다 출산시에 피를 흘리게 되기 때문에 위생의 견지에서 그렇게 한 것이 분명하다. 그러나 그런 실질적 효용성 외에도 여러 고려할 것들이 있는 것 같다.

죠규(常宮)에서 들은 말인데, 해안가에 산실을 지어 모래 위에서 아기를 낳는 것을 동네 사람들은 서로 바다거북이 같다고 이야기했다고 한다. "니시우라(西浦) 사람은 모래 위에서 태어났기 때문에 거북이의 자식과 다를 바 없다"라는 전해지는 이야기도 있다고 알려주었다. 바다거북은 계절을 정하여 바다의 저쪽에서 찾아와서 모래에 알을 낳고, 그 알을 지열로 부화시킨다. 이것은 해신의 나라를 본향으로 하는 바다거북과 상어의 산란을 생각나게 한다. 해신의 딸인 도요다마히메가 해안에 지은 산실에서 큰 악어의 모습으로 변하여 아기(히코나기사우가야후카에즈)를 낳았다는 것은 [일본서기](神代下, 第10段, 一書第3)에서 전해주는 이야기이다.

에치쥬(越中)의 뉴젠(入善)부근에서부터 동국(東國)일대에 이르는 지역에서는 산실이나 산방을 "스"라고 부른다([産育習俗語彙]). 시마네현(島根県) 히가와군(簸川郡)등에서는 아기바구니도 스(巣 : 새집)라고 부르고 있다. 이것은 새집을 닮아서 붙인 이름이다. 즉 인간의 출산을 새의 산란에 비유한 것이다.

[일본서기]에는 산실이 "우츠무로(無戸室 : 문없는 방)"라고 기록되어 있다. [고사기]에는 "문없는 팔심전(八尋殿)을 지어 그 집에 들어가 흙으로 발라서 막고"라고 기록되어 있다. 이것을 보면 고대의 산실은 창이 없고, 입구도 막혀서 안에 가두는 모양이었던 것 같다. 이것은 산실을 새집에 비유하여 그 속에서 산모가 감금되어 알을 무사히 낳는 행위를 모방한 것임에 틀림없다. 또한 산실을 알에 비유할 수도 있다. 죽음의 나라에서 생의 나라로 완전히 옮겨오고 재생하기 위하여 산실은 알과 같이 밀폐된 상태에 있어야 하고, 또한 그 알을 부화시키는 모래가 필요한 것이다.

산실의 모래가 갖는 주술적 힘은 바다거북이나 상어가 바다신의 사자로서 존중되던 시대의 흔적이다. 그것은 우부스나신(産土神)으로서 아기의 일생을 지켜주는 수호신이며 수호령이 되었다. 모래가 호부(護符)로서 중요시 된 것은 오래되었다.

같은 아기의 수호신이면서도 빗자루 신과 억새 신과는 달리 우부스나(産土)는 산실의 모래와 깊이 연결되어 있다. 우부스나가 태어난 토지의 공동신(共同神)으로서 발전하게 된 계기가 바로 여기에 있다. 혈연을 앞세운 씨신(우지가미)도 나중에 일문일족의 신이 아니라 여러 가문이 합쳐진 지역신이 되었고, 이윽고 지역토지의 공동신이 되었다. 우부스나도 같은 공동신이지만, 씨신과 우부스나신의 최초 성립에 관한 사정은 달랐다. 같은 어머니의 피를 나눈 자식들은 씨신을 공유하지만, 태어난 장소가 다른 경우에는 자식들이라도 우부스나신을 공유하지 않는다. 지역토지의 수호신인 진쥬신(鎮守神)과 우부스나신(産土神)의 차이도 거기에 있다. 우부스나의 개념은 후세에 확대되어 번잡하게 되었지만, 인간출생의 원점은 산실의 모래라는 사실을 그 말 속에 포함하고 있다.

마우신

우부가미나 우부스나에 더하여 더욱 분명하게 개인 수호신의 역할을 하는 것이 오키나와(沖縄) 미야코지마(宮古島)에서만 보이는 마우간(神) 혹은 마우이다. 마우는 마모리(수호)라는 뜻인데, 이 신은 수호하는 인간의 죽음과 함께 소멸한다는 분명한 특징을 가지고 있다.

마우의 영력(靈力)이 붙는 시기는 생후 얼마 지나지 않았을 때 혹은 일정한 연령이 되었을 때 두 가지가 있다. 그 외에도 몸이 약해서 기운이 떨어질 때나 우타키(御嶽)마츠리의 신(神)역할로 뽑혔을 때도 마우를 얻을 수 있다.

사람들은 마우를 얻기 위해 제비뽑기를 하여 신점을 친다. 제비에는 부모 외에 부친 쪽이나 모친 쪽의 조부모, 더욱이 증조부모의 우타키 신명이 쓰여 있다. 그것들 가운데 무엇이든 뽑아서 맞힌 사람이 태어난 사람의 일생동안 마우신이 된다.

오늘날은 양친의 우타키에서 마우명을 선택하게 되어 있는 곳도 있다고 한다.

마우를 얻는 것을 “마우오도모스루(마우와 함께 한다)”라고 한다. 마우신을 맞이한다는 것이다. 또한 “마우오가미루”라고도 한다. 가미루라는 것은 머리로 받는다는 것이다.

마우는 마우다나(マウ棚)라는 신단을 집 안의 동쪽에 만들고, 거기에 마우고로(香爐)와 꽃병 하나를 놓고 매일 절한다. 초하루와 보름에는 찹쌀을 봉헌한다. 또한 해안이나 우타키로부터 마우의 이비시라는 돌을 가지고 와서 마당에 놓아둔다. 여행이나 전쟁에 나갈 때는 마우의 신명을 쓴 종이를 지니고 나간다. 그 사람이 죽으면 마우고로를 마우다나에서 내리고, 마당에 있는 마우의 이비시 돌을 들고 묘소에 가서 처분한다. 그렇게 해서 개인의 죽음과 함께 수호신인 마우신도 소멸한다.

미야코지마(宮古島) 외에 다른 곳에서는 유례를 찾아볼 수 없는 개인 일대기에 한정된 수호신인 마우신(마우간 : マウ神)신앙은 일본의 신 관념 가운데서도 매우 특이한 것이라고 말할 수밖에 없기 때문에 더욱 귀중하다고 생각한다.

제3장

유찬(流竄 : 流配)되는 신들

신들의 난무(亂舞)

아주 옛날에 삼라만상이 정령(애니마)을 지니고 있던 시대에 식물이나 암석도 말을 잘 하고, 밤은 불꽃처럼 타고, 낮은 사바에가 흘러나오듯 활발히 움직이는 세상이 있었다. 존재하는 것들이 모두 선의를 가진 것들만은 아니었다. 밤은 반딧불처럼 반짝이고, 야릇한 귀신이 있는가 하면 낮에는 사바에와 같은 악신들이 난무하였다. 사바에는 벼 해충인 멸구를 말한다. 가장 얌전한 존재로 보이는 아오미나와(淸水沫 : 물거품)마저도 자신의 의견을 주장하며 문제를 제기하였다. 일본열도 어디에나 동식물은 말할 것도 없고, 암석, 불, 물까지도 인간과 똑 같이 희로애락의 감정을 드러내고, 생생하게 움직이는 광경을 [일본서기]는 다음과 같이 묘사한다.

> 아시하라나가츠구니(葦原中国)는 바위뿌리(岩根), 나무그루(木株), 풀잎(草葉)도 오히려 말을 한다. 밤에는 불똥이 튀는 것처럼(熛火) 환하고, 낮에는 파리 떼처럼 들끓는다(神代下).

또한 이즈모노구니노미야츠고가무요고토(出雲国造神賀詞)에는 도요아시하라(豊葦原)의 미즈호(水穂)의 나라는 낮에는 사납게 물이 소용돌이 치고, 밤에는 별이 되어 빛나는 신이 계시고, 돌부리, 나무, 물거품마저도 서로 말을 하는 시끄러운 나라라오.

호호(熛火)는 불의 씨, 즉 화염이다. 호베(火瓮)도 그와 같은 뜻으로 해석할 수 있다. 밤은 소리를 내며 타오르는 화염 같은 신이 있고, 낮에는 시끄러운 멸구 같은 소용돌이 치는 신이 있다. "서로 말을 함"은 "대꾸함"으로 단지 말을 하는 것만이 아니라, 불평을 드러내기도 하고, 이론을 주장하기도 하는 것을 말한다.

일본열도의 중앙부에 위치한 아시하라나가츠구니에도 이풍(異風), 이속(異俗)의 신들이 방자하게 횡행(横行)한다. 특히 밤에는 "경외스러운 것(可畏きもの)"들이 제멋대로 날뛰는 무대였다.

수우진천황(崇神天皇) 10년, 야마토토토히메를 매장하기 위하여 하시하카(箸墓)를 조영할 때, 이 묘지는 "낮에는 사람이 만들고, 밤에는 신이 만든다"라고 [일본서기]는 전하고 있다. 또한 야에야마(八重)의 옛 노래에 동네 우물을 팔 때, "밤에는 신이 파고, 낮에는 일곱이 판다"라고 노래하였다. 이것은 "밤이 되면 신이 파주고, 낮이 되면 일곱 형제가 팠다"고 해석된다(喜舎場永珣[八重山古謠]).

이것을 보면 고대일본과 야에야마는 시공간을 초월하여 밤은 인간의 힘을 넘어서는 신의 세계라는 인식을 공유했다고 할 수 있다.

그렇지만 밤이라는 두루마리 그림을 펼친 도발자들이 퇴장할 수밖에 없는 때가 오고 말았다. 그것은 아시하라나가츠구니에 지배권을 확립하려는 자들이 나타났기 때문이다. [일본서기]는 다음과 같이 기록하고 있다.

그러나 그 땅에는 반딧불처럼 빛나는 신과 파리 떼처럼 소동하는 사귀가 많

> 았다. 또한 초목마저도 말을 능하게 하였다. 그래서 다카무스비노미고도(高皇産靈尊)는 모든 신들을 소집하여 "내가 아시하라나가츠구니(葦原中國)의 사악한 귀신들을 평정하고자 한다"고……(神代下).

여기에서 화염을 내는 신, 소동하는 "사귀"는 아시하라나가츠구니(葦原中國)의 "사악한 귀신"이라고 기술되어 있다. [만엽집(万葉集)]에도 "불상귀고(不相鬼故)"를 "맞지 않는 것 때문에"라고 훈을 붙여 해석하고 있다. 모토오리 노리나가(本居宣長)가 말한 것처럼, "악한 것도 이상한 것도, 세상에 특이하고 경외스러운 것"이 가미(신)이기 때문에 모노(物)도 가미(神)의 한 종류인 것이다. 오모노노누시신(大物主神)이나 오모오오이미신(大物忌神)과 같이 물건을 신명에 넣은 해코지 신도 존재한다. 물건과 귀신도 신의 부정적, 파괴적인 측면을 나타낸 것이라고 볼 수 있지만, 이 경우는 선주(先住)신을 "사악한 귀신"이라고 부른 것이다. [일본서기]는 또한,

> 두 신은 드디어 사귀 및 초목, 돌 등을 멸하고 모두 평정하였다. 그래도 복종하지 않은 자들은 오직 별의 신인 가가세오(香香背男)뿐이었다(神代下).

라고 기술되어 있다. "사귀 및 초목, 돌 등"은 원래 신의 친구들이었지만, 불복종으로 인하여 참살의 대상이 되었다. 여기에서는 천신에 의한 국신(國神)의 평정에 대하여 말하고 있다. 두 신이란 지바현(千葉県) 가토리(香取)의 후츠누시신(經律主神)과 가고시마(鹿児島)의 다게미가츠지신(武甕槌神)으로 모두 에조(蝦夷)평정에 큰 역할을 한 동쪽 나라의 신들이다. 다만 가가세오(香香背男)만은 항복하지 않았다. 그래서 시도리신(倭文神)의 다게하츠지노미고토(建葉槌命)에게 명하여 퇴치하였다. 이바라기현(茨城県) 히다치시(日立市)의 오미가신사(大甕神社)는 다게하츠지노미고토(建葉槌命)

를 모신다. 향향(香香)은 가가라고 읽는데 빛난다는 의미이고, 세오(背男)는 남형(男兄)이라는 뜻이다. 가가세오는 아마츠미가호시(天津甕星)라고 불린다. [구사본기(旧事本紀)]의 "천신본기"는 진무(神武)동정에 선행하는 니기하야히의 강림을 도와준 자로 아마세오노미고도(天背男命)의 이름이 나오는데, 그것은 가가세오라고 생각된다. 그렇다면 히다치(常陸)에서는 야마토 조정에 강력히 저항한 사람들이 에죠 이외에도 있었다는 것이 된다. 그들도 "사악한 신" "사악한 귀신"일뿐이었던 것이다.

[속일본기(續日本紀)]의 몬무천황(文武天皇) 2년(698년) 4월 조항에는 후미노이미키(文忌寸)박사등 여덟 명을 남도로 보내서 나라를 돌려받게 했다고 기록되어 있다. 구니마기(国覓)는 단지 살기 좋은 나라를 만드는 것이 아니라 반항하는 국신(國神)이나 주민들을 정벌하면서 행하는 사업이었다.

[만엽집] 권20에는 오토모(大伴)의 집에 가지고 있던 장가(長歌)집이 실려 있는데, 그 한 절에 "구니마기(国覓)"라는 말이 나온다.

> 산천과 암석의 뿌리를 강제로 짓밟고 들어가 살아갈 나라를 만든다고 땅 신(國神)들에게 말하고, 따르지 않는 자들을 진압하고

라고 기록되어 있다. 산이나 천과 돌의 뿌리를 짓밟고 들어가 무섭게 지방신들을 복종시키고, 복종하지 않는 사람들도 평정하였다는 의미이다.

그러나 몬무천황(文武天皇) 4년(700년) 6월의 조항에는 사츠마히메(薩摩比売)나 에노고오리노가미(衣評督), 기모츠기난바(肝属難波)등 하야토의 수장들이 구니마기(国覓) 사신인 오사가베마키(刑部眞木)등 일행을 협박하여 가진 물건을 빼앗았다고 기록되어 있다.

야하토(隼人 : 옛날 가고시마지역에 살던 종족)의 강한 반발에 직면한 조

정은 714년에 부젠국(豊前国)의 백성 200호를 오스미국(大隅国)의 구와하라군 도요구니사토(桑原郡豊国郷)로 이주시켰는데, 그 때 오스미쇼하치만규(大隅正八幡宮)도 우사(宇佐)에서 도입한 것이 아닌가 추정된다(中村明蔵 [隼人の研究]). 그 후 얼마 안 되어 요로(養老) 4년(720년)에 하야토가 대반란을 일으키는데, 그 때의 정벌군이 오스미쇼하치만규에 기원하여 승리했기 때문에 신력(神力)을 높이게 되었다. 이러한 사나운 신들에 대한 평정에는 천신이 큰 역할을 하였다.

[6월말일오하라에(六月晦大祓)]라는 글 가운데,

> 사나운 신들에게 질문을 계속하여 내어 쫓으니 서로 말하던 돌, 나무, 초목의 잎들도 입을 다물더라.

라고 기록되어 있다. 사나운 신을 야단치며 심문하였기 때문에 그 때까지 잡담을 하거나 불평하고 있던 암석, 나무, 초목도 투덜거리며 하던 말을 그쳤다는 의미이다. 그것은 땅의 신이 몰락하는 단초가 되었다.

땅 신(國神)과 산 사람(山人)

야나기다 구니오(柳田国男)는 "산사람고(山人考)"라는 주제로 1917년에 행한 강연에서 하늘의 죄와 땅의 죄에 관하여 언급했는데, 하늘의 죄는 말뚝 박기, 이중파종, 물 빼기 등과 같이 논농사에 관련된 것으로 토지점유권 침해이며, 땅의 죄는 부자의 범죄라고도 하는데, 수간(獣姦)과 같은 한 심한 행위로써 범죄의 성질이 명백하게 차이가 있다고 하여 [일본서기] 게

이고천황(景行天皇) 40년(110)의 "남녀가 혼거하고 부자(父子)의 구별도 없고"라는 구절을 인용하고 있다. 즉 땅의 죄는 "원주민인 땅의 신들이 범한 죄"라는 것이다. 땅 신의 이런 규제를 통하여 선주(先住)하는 토착민들을 인륜에 반하는 존재로 간주하여 공격한, 소위 천손(天孫)이라는 지배자들의 선민의식을 알 수 있다. 이렇게 일본열도의 선주민들은 늦게 도래한 권력자들에게 이민족 취급을 당하고, 하늘의 신과 땅의 신이라는 차별도 생겼다.

살 땅이 좁아진 선주민들은 산간으로 쫓겨났다. 산 사람(山人)이라고 해도 그것이 단지 산에 사는 백성이라는 뜻만은 아니다. 왕왕 패배하여 산으로 숨어들어간 선주민의 자손들을 산 사람이라고 불렀기 때문이다.

거인전설의 일부이며 반란을 반복한 하야토의 수장이라고 알려진 오히토야고로(大人弥五郎)나 나라를 만드는데 참여한 족적을 남긴 다이다라도령도 선주민의 흔적을 가지고 있는 것으로 생각된다. 아마노쟈쿠(天邪鬼)도 그런 흔적의 하나로 분류할 수 있다. 아마노쟈쿠는 몇 번이고 반항하였지만, 결국은 멸망한다. 이것이 선주민의 슬픈 역사를 전해주는 것이 아닌가. 규슈(九州) 세키류산맥(脊梁山脈)에는 다케이와타츠노미코토의 부하로 그의 명령을 받은 태도가 솔직하지 않았다는 이유로 죽임을 당한 기하치(鬼八)전설이 있다. 기하치도 아마노쟈쿠와 같은 분류로 규슈 산악지대에 살던 선주민의 흔적을 가지고 있다.

[하리마국(播磨国)풍토기]의 간자키군(神前郡) 오가와우치(大川内)와 유키와(湯川)의 조항에는 두 지역에 "아다시구니비토(異俗人)"가 각각 30명 정도 산다는 보고가 기록되어 있다. 이것은 아마도 동쪽 땅의 에죠들을 이주시킨 것을 말한다고 생각되는데, 평지에서 농사를 짓던 사람들이 어쩌다가 산속으로 들어가 언어와 풍속이 다른 이속인(異俗人)들을 보고 놀라는 것은 당연한 일이다.

산 사람의 거친 행동을 보고 도깨비가 아닌가하며 두려워하고, 또한 산 사람이 날아가듯이 빠르게 산길을 걷는 것을 보면, 어깨에서 새의 날개가 나온 것이 아닐까 의심스러울 정도이다. 오늘날도 마타기(아키타 산간의 수렵인들)는 험악한 산 능선을 하루에도 수십 리씩 걷는다고 한다. 이렇게 해서 독수리나 솔개를 닮은 텐구(天狗 : 민간전승의 요귀)의 이미지가 만들어진 것이다.

또한 산에서는 밤중에 이상한 소리가 계곡에 메아리치는 경우가 많이 있다. 고다마(木靈 : 메아리)는 텐구가 나무를 잘라 쓰러뜨리는 소리라고 생각했다. 한편, 아이들이 숨바꼭질 놀이를 할 때, 잠깐 보이지 않게 되면, 텐구에게 잡혀갔다고 떠들며 산 속까지 찾아 다녔다. 산에 사는 사람들의 특별한 능력은 텐구에게 받는 것이라고 생각했다. 거기에다 수십 년을 산 속에 틀어박혀 살면서 심신의 고통을 인내하는 불교 수험자(受驗者)의 이미지가 덧붙여져서 텐구는 야마부시(山伏)복장(흰 가사를 두르고 각반을 신고 염주와 고동을 든 수행승의 모습)과 같은 특이한 모습을 하게 되었다. 요시노(吉野)의 전귀후귀(前鬼後鬼 : 수험도의 창시자를 따라 다닌 부부도깨비)와 같이 처음에는 도깨비라고 불린 사람도 후에 수행자의 출현과 함께 텐구라는 호칭에 통합되고 만 것이 아닐까.

외눈 외다리(一眼一足)의 도깨비

도깨비는 산신 혹은 산 사람 이야기에서 나온 것인데, 때로는 산속 광산에서 일하는 사람도 도깨비라고 했다. 화로에서 나오는 화염에 휩싸여 벌거벗고 일하는 특이한 사람들이 마치 도깨비처럼 보인 것이리라. 풀무질하는 화로 벽에는 도깨비 탈을 걸어두거나 도깨비가 대장간에서 칼을 만들 때 쓰는 망치로 두드리는 모습을 그린 옛날 그림이 붙어있다. 교토의 오에야마(大江山)의 도깨비도 그렇다. 오에야마에는 옛날부터 가동되고 있는 구리광산이 있었다. 구리나 쇠를 녹이는 작업 중에는 한 눈으로 화로 속 화염의 크기를 끊임없이 확인한다. 오랫동안 그렇게 화염의 상태를 바라보게 되면 후에 시력이 약화되어 한 눈이 멀어지는 경우가 많았다. 금속도구를 매우 귀중하게 여기던 시대에 그것을 만드는 기술자를 신처럼 우러러보았는데, 외눈이라는 것 때문에 아마노마히도츠신(天目一箇神)이 탄생한 것이다. 또 외다리로 풀무를 밟는 사람은 자주 다리질환을 얻게 되기 때문에 아파서 다리를 질질 끌면서 걷는 외다리가 되는 경우가 있어서 하나 다타라(풀무)라고 하던지, 한개 다타라라고도 부르게 되었다.

금속제품이 세상에 많이 보급되어 귀하지 않게 되니, 한 눈을 가진 신은 이전과 같이 존경받지 못하고, 외눈 외다리 도깨비로서 산과 들을 방랑하게 되었다. 한쪽 다타라라고 불리던 괴물도 외눈 중도 그렇게 만들어진 것이다.

나라현(奈良県)의 요시노군 가와가미촌(吉野郡川上村)과 가미기타야마촌(上北山村)의 경계에 위치한 오바봉(伯母峰) 산동네에는 "마지막 20일(12월 20일)에 오바봉을 넘지마라. 넘게 되면 외눈의 다타라에게 피를 빨아 먹히노라"라는 노래가 남아있다. 그곳에는 아카구라(赤倉)구리광산이 있다. 또 구마노(熊野)의 하나 다타라가 출몰하여 활약한 장소는 나치(那智) 폭포의 뒤편에 있는 묘법산(妙法山) 근처인데, 그곳은 유명한 묘법구리광산이 있었던 곳이다.

도사(土佐)의 산중에서는 외다리 괴물을 산 할아버지 혹은 산도깨비라고 부르고 있다. 가이츠카 시게키(具塚茂樹)는 3세기의 중국 강남하류에 있었던 미개민족들 사이에서는 외다리의 산괴물을 산소(山繅 : 산 누에실)라고 불렀다고 말한다([中國古代의 傳承]). 또한 [산해경(山海經)]에는 외다리의 기(夔 : 외발짐승)라는 괴물이 등장한다. 그런데 데라지마 료안(寺島良安)의 [화한삼재도회(和漢三才圖會)]에도 괴상한 종류의 "산정(山精)"이라는 외다리 괴물의 이름을 거론하고 있다. 산정(山精)은 사람의 모양을 한 외다리이고, 산 게와 두꺼비를 잘 먹는다고 기술되어 있다. 이것은 오진기(應神紀)에 모미(두꺼비)를 삶아서 먹는다고 기록되어 있는 요시노 구주(吉野国栖)의 풍속을 생각나게 한다.

[화한삼재도회(和漢三才圖會)]에는 "산정(山精)" 외에도 "야마와로(山𤢖)"라는 항목이 있다. 야마와로는 일본에서 속설로 전해져 내려오는 야마와로(山童 : 서일본지방에 전해지는 동자모습의 요귀)를 말하는 것이라고 주석이 달려있다. 야마와로에 대비되는 가와와로(河童)도 있다. 내가 고향인 구마모토현(熊本県) 미나마타시(水俣市)에서 유년시절을 보낼 때 자주 들었던 이야기에 따르면 갓바(河童 : 물에 사는 동자모습의 가상동물)는 가을 저녁이 되면 밤중에 작은 개천이나 도랑을 통하여 히요히요하고 울면서 산으로 돌아가서 야마와로가 되지만, 봄이 되면 다시 냇가로 내려와 가와와로가 된다고 한다. 가와와로는 물신의 권속(眷屬)이라고도 한다. 가와와로는 사람이나 말을 물속으로 끌고 들어가는 것을 아주 좋아하고 물고기를 잡아주며 호의를 베풀기도 한다. 이렇게 선악의 양면을 가진 것은 가와와로뿐만이 아니라 도깨비나 덴구 등도 같으며 요괴는 모두 양의적(兩義的)이다. 이처럼 선악에 관계없이 때로는 화혼(和魂), 때로는 황혼(荒魂)인 것이 일본 신(가미)의 특성이며 요괴는 그 전통을 계승한데 불과하다.

요괴들은 옛날 산천과 늪에 사는 정령이었던 시절의 모습을 가지고 있다. 그것은 가와와로와 아마미오시마(奄美大島)의 겐문(怪物)에서 아이의 모습으로 표현되고 있는 것에서 알 수 있다. 자시키와라시(座敷童子 : 객실, 창고에 사는 요괴)는 말할 것도 없고, 산 할머니가 기른 도깨비 아들이 단발머리를 하고 있는 것도 그렇다. 그런 것들은 신(가미)과 인간, 자연의 정령들이 친하게 어울려 살던 사회의 희미하지만 잊기 어려운 기억의 자취이다.

정령들의 동제(冬祭)

옛날에 작은 신들과 정령들이 밤의 세상에서 펼치는 향연이라고 생각되는 하는 마츠리가 신슈(信州)의 도야마(遠山) 계곡에서 매년 음력 11월에 행해졌다. 도야마의 상월제(霜月祭)에서는 신사의 참배 당에 점토로 만든 부뚜막에 큰 솥을 걸어놓고 물을 끓여서, 하룻밤 "물 끓이는 제사"를 행한다. 그 때 읊는 축사(呪詞)에

> 날아가는 모든 나비들아, 기어가는 모든 벌레들아
> 더운 물 마셔라
> 더운 물 마시고 구름을 넘어라

라는 글이 있다. 또 "진혼의 물제사"에서는 삼라만상에 깃든 신명을 부르고, 그 혼들을 위로하고 마지막에

> 조용히 해라, 조용히 해라, 아주 조용히 해라
> 심산 수많은 정령들도 조용히 해라

라고 주문을 외우고, 솥 위를 탕목(湯木)으로 누르면서 치는 동작을 한다.

여기에서는 "깊은 산의 수많은 정령"을 초청하는 장면이 나온다. 상월제에서는 새모자와 수이간(水干 : 헤이안시대의 복장)예복을 입은 사람들이 끓는 솥물 앞에서 하룻밤을 춤추고, 모인 남녀노소도 단조로운 피리소리에 맞추어,

야하타(八幡)님도 춤 잘 추고, 야마즈미(山住)님도 춤 잘 추어요

라고 노래 한절을 합창한다. 야마즈미님이란 늑대를 신체(神體)로 하는 산신인데, 상월제에는 늑대의 친족인 여우탈도 나와서 마치 환영(幻影)처럼 군중들 사이를 돌아다닌다. 빨간 상의를 입고, 처음에는 손에 방울과 부채를 들고 춤을 추다가 나중에는 빈손으로 군중들과 함께 춤을 춘다. 마지막에는 도깨비 가면을 쓴 덴바쿠(天伯), 즉 덴구(天狗)가 사방으로 활을 당기고, 닫집의 폐백 종이를 활시위로 자르는 순서로 마츠리가 끝난 것을 알린다.

도야마의 상월제에 나오는 것은 나비류, 기는 벌레, 산의 정령, 늑대, 여우, 도깨비, 덴구 등 작은 정령들인데, 그런 것들이 한 곳에 모여서 난무하는 광경은 우리를 옛 밤 축제로 이끄는 매력을 가지고 있다.

아이누신의 세계

풀, 나무, 돌로부터 푸른 물거품(靑水沫)까지 모든 것들이 말을 하는 [일본서기]의 세계는 아이누 세상에 매우 가깝다. 아이누는 모든 물건에 영혼이 들어있다고 믿는다. 아이누의 일상생활의 중심은 모든 집에 있는 화로

불인데, 불은 하르니레의 여신이 천상에서 내려준 것이다. 옛날 하르니레는 발화도구로 사용되었다. 화로불은 "아베 후치(불의 할머님)" 혹은 "가무이 후치(할머님의 신)"라고 불리며 인간과 신 사이를 중개하는 역할을 갖는다. 사람들은 이것을 가장 귀중하게 여기는데, 화로의 갈고리, 거기에 건 냄비, 냄비 속의 국자도 다 아베 후치 아래 있는 작은 신들이라고 본다. 아이누 사회에서는 주방의 작은 병, 낡은 구두, 손바구니도 말을 한다. 만물에 영혼이 있다는 세계관을 애니미즘이라고 하는데, 아이누사회는 정말로 그런 애니미즘 세계였다.

물고기를 잡으러 갈 때는 화로에 신대(木幣 : 이나우)를 세우고, 고기잡이 뱃길의 안전을 빌고, 신단(神壇)에 기도한다. 집밖으로 나가면 해안가의 누사산(幣柵 : 제단)으로 간다. 그리고 바닷가의 신, 파도 위의 신, 항만 안의 신, 그리고 바다 밖의 신을 향해 배가 무사히 떠날 수 있게 해달라고 빈다. 다음에는 샤치신에 대하여 '바다의 샤치(물고기)를 얻을 수 있게 해주세요'라며 풍어(豊漁)를 기원한다. 다음에 자기가 탈 배의 돛대나 배의 고물 등 각 부분에 있는 신들에게 기도를 드리고 그것이 끝나면 비로소 배를 움직인다([風土記日本]北海道篇). 이렇게 이르는 곳마다 신들이 있다.

바다와 강의 고기잡이에는 바람이 가장 큰 적인데, 하루 내내 사납게 불던 바람이 저녁 한 때 잠잠하게 되면 그것을 "레라 · 오누만 · 이페(바람이 저녁 먹으러 갔다)"고 말한다. 바람도 사람처럼 배고파한다고 생각한 것이다(知里真志保[ユーカラの人々とその生活]). 아이누의 "유카라"라고 부르는 신요(神謠)에는 곰, 이리, 고래, 아이누 올빼미, 뱀 같은 것들 이외에도 수달, 뻐꾸기, 늪 조개 등도 등장한다. 이런 동물들은 아이누 생활과 특히 관계가 깊은 것들이다. 동물신이 신요에 등장할 때는 자기의 경험을 이야기하는 형식을 취한다. 치리 마리호(知里真志保)는 유카라(혹은 유카르)의 어원은 "동물의 모양을 한다"는 뜻으로써 신요는 원래 사냥 기원제로서 샤

먼(巫者)이 동물 신으로 분장하여 연기하는 무용극 대사에서 유래한 명칭이라고 설명한다(知里真志保[アイヌ文学]1955). 그렇다면, 신요를 부르는 사람은 샤먼 스스로가 사냥감이 되어 연기하면서 부르는 노래를 흉내 내는 것이므로 아이누와 동물들의 거리는 사라지고 양자는 하나가 된다.

아이누의 〈곰사냥노래(이코이키시노츠치야)〉는 곰 사냥을 가서 곰 굴을 찾았을 때, 그 곰 굴 입구에 서서 창을 겨누면서 부른 노래이다. 노래 가사는 먼저 자기의 이름을 알리고, 조상 대대로 자기 집 안에 산신(곰)과 특별히 친밀한 우호관계를 지켜온 연유를 밝히고, 곰신이 그 본래의 모습인 영으로 돌아가서 산을 내려와 산기슭 마을을 찾아와 주기를 기원하는 내용으로 되어있다.

아이누는 동물을 죽이는데도 정중한 의식을 잊지 않았고, 그것은 모든 경우에 예외 없이 행하여졌다.

일반적으로 "이오만데"는 곰을 신의 나라로 보내는 축제라고 생각하고 있는데, 그것은 오해이며 "이(물건)오만데(보낸다)"라는 말에서도 알 수 있듯이 아이누의 생활에 관계가 있는 모든 존재의 정령을 신의 나라로 돌려보내는 의식인 것이다. 그 중에서도 먹거리로 이용하는 새, 동물, 물고기, 어패류의 뼛조각, 날개털, 껍질 등도 있고, 또 쓰고 버린 식기의 종류도 있다. 옛날 조개 무덤을 쓰레기더미로 생각한 것은 잘못이며, 조개무덤에 인골이 들어있는 경우가 매우 많은 것을 보면, 조개 무덤이 인간의 묘지였다는 사실을 알 수 있고, 식용으로 제공된 조개의 영과 함께 인간의 영혼도 거기서 보낸 것이라고, 고노 히로미치(河野広道)는 말하고 있다([北方文化論]).

여기서 아이누의 가무이에 대하여 한마디 하고자 한다. 가무이는 보통 신과 같은 존재라고 생각하지만, 신에게 착한 신과 악한 신이 있듯이 가무이는 신이기도 하고 악마이기도 하고 마신(魔神)이라고 부르기에 합당한

것도 있다. 가무이라는 명칭을 가진 것들 중에서도 가장 우위에 있는 것이 큰 곰, 고래, 줄무늬 올빼미, 뱀이며 이런 것들은 산, 바다, 동네, 서낭당을 지배하는 신들로 경외로운 존재였다. 그에 비하여 연어는 가무이 체프(신, 물고기)라고 불렸는데, 가무이 체프란 "신 곁으로 가는 물고기"라는 뜻이며 특히 처음 잡은 연어를 그렇게 부르는 지역도 많다. 하지만 연어를 그 자체로 신이라고 생각하지는 않았다(山田孝子[アイヌの世界観]). 노루도 가무이의 이름으로 부르는 경우는 없다. 토끼도 똑같다. "경외로운 것"이 가미(신)라는 정의는 아이누의 경우에도 적용할 수 있다.

나라의 명(命), 나라의 혼(魂)

고대인들이 나라에 생명이 있고 혼이 있다고 생각하고 있었다는 사실은 여러 가지 형태로 증명될 수 있다. 그것을 가장 명확하게 알려주는 것은 신년제의 축사(祝詞)에 나오는 "사는 땅, 족한 땅"이라는 말이다. 그것을 신격화한 것이 생국신(生國神), 족국신(足國神)이다. 오사카 이쿠다마쵸(大阪市天王寺区生玉町)에는 이쿠구니다마신사(生国玉神社)가 있다. 이 외에 이쿠구니사카구니다마신사(生国咲国玉神社), 이쿠구니다마히코신사(生国玉比古神社) 등이 있고, 이쿠시마신사(生島神社), 이쿠시마다루시마신사(生島足島神社) 등이 있다. 이쿠시마다마신사의 본당에는 봉헌된 신체(神體)가 아무것도 없고, 오직 흙 마당이 있을 뿐이다. 그것은 국토가 신이기 때문이다. 토지의 영은 국혼(國魂)이라고 불렸다. 국혼을 모시는 예로서는 히다치(常陸)의 오구니다마신사(大国玉神社), 무사시(武蔵)의 오구니다마신사(大國魂神社), 이와키(磐城)의 오구니다마신사(大國魂神社)등이 있다.

국토에 생명이 있다는 사상은 류규(琉球 : 오키나와)도 마찬가지이다. [오모로사우시]에는 "사모하는 아버지에게 섬의 생명을 바쳐라"(成さい人思いに 島が命 みおやせ : 제1-27)라는 구절이 나온다. "국왕에게 섬의 생명을 봉헌한다"라는 의미로서 섬이 생명을 가지고 있다는 것을 나타낸다. 또한 "나라의 생명, 돌의 생명, 금의 생명, 흉옥(匈玉)의 생명, 손 물건의 생명"(제11-80)을 드린다는 표현도 있다. 흉옥(匈玉)의 생명, 손 물건의 생명이란 옥돌과 같은 귀금속이다. 옥돌의 생명을 드린다는 것은 자신의 혼을 내어 놓겠다는 뜻이다. "섬의 생명"과 "나라의 생명"도 섬의 혼, 나라의 혼과 다르지 않고, 국왕에게 그것을 드리는 것은 복종의 증거이다.

대상제(大嘗祭)때, 그런 복종의 증거로서 나라의 위령인 국혼을 천황에게 헌상하고, 천황이 그것을 몸에 지닌다. 유기(悠紀), 스기(主基) 두 곳에서는 풍속가를 부른다. 오리구치 노부오(折口信夫)에 의하면 풍속가는 국풍의 노래로써 복종의 상징이다. 요시노(吉野)에서도 구즈소(國栖奏)가 연주되었다. 진무(神武)천황은 동정(東征) 때, 요시노에서 땅 신인 이히카(井光)라는 자를 만났는데, 그 자가 요시노의 구즈(國栖)인의 시조라고 [일본서기]에 기록되어 있다. 이것에서 선주하는 이족(異族)도 땅 신이라고 부른 것을 알 수 있다.

[히다치국풍토기(常陸國風土記)]에는 구즈를 지방 사투리로 츠지구모(土蜘蛛) 혹은 야츠가하기(八握脛)라고 한다고 기록되어 있다. 요괴가 땅 속에 굴을 파고, 언제나 그 속에서 살고, 사람이 오면 토방으로 들어가 숨고, 사람이 사라지면 야외에서 논다고 들었다. 후대에 요귀와 같은 종류로 여겨진 츠지구모(土蜘蛛)도 그 연원을 따져보면 땅 신의 별칭이며 동굴생활을 하던 이족이다.

이를테면, [일본서기] 게이코(景行)천황 40년(110) 조항에는 야마토다께루가 에죠(蝦夷) 국경까지 진입해 들어오니, 에죠의 적장이나 섬 신, 땅 신

등이 다케노미나토(竹水門)에 힘을 합쳐서 방어했다고 한다. 다케노미나토의 위치에 대하여는 히다치국다가군(常陸国多珂郡), 무츠국나메가타군(陸奥国行方郡) 다가사토(多珂郷) 혹은 무츠국의 다가성(多賀城) 부근이라는 설도 있다. 여기에 등장하는 "섬 신", "땅 신"은 에죠와 동맹을 맺고 야마토조정에 반항한 호족들을 말한다. 그 호족들은 국혼을 야마토조정에 바치는 것을 거부하였다.

천신(天神)의 동북진출

일본의 해안은 7세기 중반까지 에치고(越後)의 가가노천(加賀野川)과 태평양 연안의 아부쿠마천(阿武隈川)이 에죠(蝦夷)와 대치하는 야마토정부군의 최전선이었다.

무츠국의 관사(式内社)에서 눈에 띄는 것은 가시마신사(鹿島神社)계열이 많이 들어있다는 것이다. 후쿠시마현 이와키군(磐城郡)에 가시마신사, 나메가카군(行方郡)에 가시마미코신사(鹿島御子神社)가 있다. 미야기현 와다리군(亘理郡)에 가시마이츠노히게신사(鹿島伊都乃比気神社), 가시마오나다신사(鹿島緒名伊太神社), 가시마아마노다리와케신사(鹿島天伊足和気神社)가 있다. 와다리군(亘理郡)의 가시마신사(鹿島神社)는 세 신사들이 모두 아부쿠마천 입구 가까이에 위치해 있다. 그것은 아부쿠마천 입구가 에죠 세력과 야마토정권의 경계이며 북측 땅은 "게가이의 백성(化外の民 : 밀려난 백성)이 사는 장소로 방치되어 있던 곳이었다는 사실을 말한다고 요시다도고(吉田東伍)의 [대일본지명사전]은 기술하고 있다.

그 후에 가시마신은 북상한다. 후쿠시마현(福島県) 시노부군(信夫郡)에

가시마신사, 미야기현(宮城県)의 구로가와군(黑川郡)에 가시마아마노다리와게신사(鹿島天足別神社), 오시카군(牡鹿郡)에 가시마미코신사(鹿島御子神社)가 있다.

또한 가시마신의 다른 호칭인 가토리신(香取神)을 모시는 신사들은 미야기현의 구리하라군(栗原郡)에서 가토리미코신사(鹿島御児神社), 오시카군(牡鹿郡)에서 가토리이츠노미코신사(香取伊豆乃御子神社)가 있다.

가시마의 신은 다게미가즈치이며 가토리의 신은 후츠누시이다. 이 두 신은 [일본서기]에는 별신으로 취급되고 있지만 사실은 이명동체(異名同體)라고 생각된다. 이 무신(武神)이 무츠국에 진출한 목적은 틀림없이 에죠를 평정하는 것이었다.

[삼대실록]의 죠간(貞觀) 8년(866) 정월 20일 조항에는 가시마대신(大神)의 자녀 신(苗裔神 : 御子神)이 무츠국에 38개가 있다고 기록되어 있다. 그 내용을 보면 오늘날 후쿠시마현에 속한 것이 22개이고, 나머지는 미야기현에 속해있다. 후쿠시마현에서는 모두 해안 길을 따라 북상하는 코스에 위치해 있다. 미야기현에서는 둘로 갈라져서 한 편은 바다 쪽인 오시카군(牡鹿郡)으로 가고, 다른 한 편은 구로가와(黑川), 시다(志田), 시가마(色麻)등 내륙 여러 지역으로 나간다. 내륙쪽으로 가는 길에 있는 신사는 죠간(貞觀)시대 이후 즉 9세기 후반 이후에 만들어진 것이리라고 오타 도오루(大田亮)는 기술하고 있다([日本古代史新硏究]).

가시마 신의 북상이 에죠 토벌에 큰 역할을 한 것은 분명하다. 중앙정부는 무력으로 평정하기 위해 대량의 무장이민을 보내는 한편, 천신을 모시는 신사를 이용하는 것을 잊지 않았다.

에죠(蝦夷)의 신

무츠국(陸奥国)내의 백 개의 관사(式内社) 중에는 침략신이라는 것이 확실한 무신이 있고, 개척자들이 고향에서 가지고 들어온 신이 있다. 거기에 에죠와 같이 처음부터 살던 원주민들이 신봉해 온 신이 있다. 예를 들어 와다리군(亘理郡)의 아후쿠마가와노가미신사(安福麻河伯神社)는 아부쿠마천(阿武隈川)의 하천신(河川神)을 숭배하고 있는 게 분명하다. 가오노가미(河伯)란 수신(水神) 또는 하천신(河川神)을 말한다. 모노우군(桃生郡)의 히다카미신사(日高見神社)는 히다카미미즈신사(日高見水神社)라고도 부르는데, 그것은 기타가미가와(北上川)의 수신(水神)을 숭배하기 때문이다. 구리하라군(栗原郡)의 와가신사(和我神社)는 아이누어로 물을 나타내는 왓카를 상기시킨다. 이사와군(胆沢郡)의 와카에도코신사(和我叡登擧神社)의 신도 수상신(水上神)이라고 해석해야 한다. 에도코는 아이누어의 근원을 의미하는 에도쿠에서 유래하는 말이다. 또 이사와군(胆沢郡)에는 이사와가와신사(胆沢川神社)가 있다. 다마츠쿠리군(玉造郡)의 아라오가와신사(荒雄川神社)도 하천신을 숭배한다. 같은 군의 유노신사(溫泉神社), 유노이시신사(溫泉石神社) 등은 나루코온천(鳴子温泉)의 소재지에 있다. 동북지방에 진출한 사람들도 그런 자연신을 숭배의 대상으로 삼은 것을 보면, 그들은 하천신 또는 온천신을 숭배했다고 생각할 수 있다. 그러나 이전부터 살고 있던 주민이나 에죠도 그런 자연신을 신봉하고 있었다고도 생각할 수 있다.

그 중에는 에죠 신을 숭배하는 신사도 분명히 있다. [속일본기]에서는 레이키(霊亀) 원년(715)에 무츠(陸奥)의 에죠인 오라시와게(邑良志別) 촌장 우소미나(宇蘇弥奈)가 도움을 호소해 온 것이 기록되어 있다. 그들은 북방 오랑캐(狄)의 침입으로 고통당하고 있다. 친척들이 살해당하고 있으니, 가고무라(香河村)촌에 관청을 새로 설치하면, 거기에 마을을 만들고 싶다는 것이었다. 가고무라는 오늘의 이사와쬬(胆沢町)와 미즈사와시(水沢市)의 일부라고 생각된다. 그곳은 이사와성 근처인데, 이 이야기는 사카노우에노다무라마로(坂上田村麻呂)가 이사와성을 축성한 것이 802년부터이니 이 이야기는 그로부터 100여년 전의 일이다.

그런데 [신기지료(神祇志料)]는 관사인 오루시베츠이시신사(遠流志別石神社, 宮城県登米郡石越町)의 "이시(石)"는 기미(君)의 오류이며, 이 신사는 전술한 오라시와게(邑良志別)촌장을 조신(祖神)으로 숭배하고 있다고 한다. 시토우 신유(司東真雄)는 오로헤시신사(於呂閉志神社´ 岩手県胆沢郡胆沢町)는 오로시헤신사(於呂志閉神社)의 오기일 것이라고 한다([東北古代探訪]). 이 신사도 오라시와게기미(邑良志別君)와 관련이 있는 게 틀림없다.

배체로(John Batchelor)의 [아이누 · 영 · 일사전(An Ainu-English-Japanese Dictionary)]에 아이누어로 오야시는 "정령, 귀신, 선 혹은 악령"이라고 기록되어 있다. 베(べ)는 "물건"을 뜻한다. 오야시베는 아이누의 정령을 말한다. 오야시베가 오라(로)시베가 되고, 베는 베츠(別)가 되고, 또 베츠(別)가 와게(別)가 된 것이 오라시와게기미일 것이다. 기미(君)는 족장, 또는 촌장을 나타낸다. 오라시와게기미(邑良志別君)는 아이누가 신봉한 정령을 이름으로 갖는 신을 숭배하는 것이 그 역할의 하나였다고 생각되고, 그 제장이 오루시베츠이시신사(遠流志別石神社), 그리고 오로시헤[헤시]신사(於呂志閉[閉志]神社)였다는 것이다.

또 하나의 예를 들어보자.

사회학자인 다무라 히로시(田村浩)는 모리오카(盛岡) 도서관에서 이쿠젠국(陸前国) 게센군아카사키촌(気仙郡赤崎村)의 촌지(村誌)를 읽다가 우연히 아카사키의 오자키신사(尾崎神社)에 "보물볍씨 한 알, 오래 전부터 정중히 보존하고 있음"이라고 기록되어 있는 부분을 찾았다. 거기에는 연대도 저자도 분명하지 않은 "리구고타(理久古田)의 신에게 바친 볍씨에도 에죠(蝦夷)가 손 흔들던 옛날을 생각하리"라는 노래도 들어있었다. 다무라는 아카사키촌의 오자키신사를 방문하고, 궁사(宮司)인 사키야마 요시오(崎山善雄)에게 부탁하여 "볍씨일진(稲穂一振)"라고 써있는 상자를 열어 보았다.

상자 속에 수납된 것은 길이 55센티미터, 직경 3센티미터 정도로 검게 그을린 낡은 원봉인데, 목재는 버드나무와 같이 강한 섬유질로 된 것으로 사투리로 마다나무라고 한다. 꼭 총채의 일부처럼 총총하게 아래부터 가늘게 자른 후, 위쪽으로부터 21-24센티미터 정도의 헝겊을 아래로 잘라 내려뜨리고, 원봉은 군데군데 얇게 패였고, 조잡한 에죠(蝦夷)문양과 같은 것이 드러나 있었다.

대개 아이누 이나우(木幣)가 그와 같은 버드나무나 마다나무로 만들어졌다는 점에서 여기에 보존된 이나우는 고대 아이누마츠리에서 사용된 것이 오늘날까지 전해진 것이리라고 다무라는 추측했다.

이 지방에는 고대 아이누 집촌이 있고, 오자키신사의 첫 제신(祭神)은 리구고단(理訓許段)의 신으로 그것은 천여년 전, 이 지방에 살던 민족의 수장을 신으로 모신 것이다. 후대에 와서 오자키신사는 야마토신을 합사(合祀)하고, 야마토인에 의하여 존중되고 관사로 지정되었고, 이나우는 에죠신에게 바친 헌물로 남은 것이라는 주장이 다무라의 결론이다.

나는 1985년 5월, 이와테현 산리쿠해안(岩手県三陸海岸)에 위치한 오후나도시 아카시키(大船渡市赤崎)에 있는 오자키신사를 방문했다. 거기에 아이누가 제의를 행할 때 사용하는 이나우가 보물로 보관되어 있는 것을 쇼와시대(昭和時代) 초년에 쓴 다무라의 글에서 알게 되었기 때문이었다. 그곳은 오자키(尾崎)라고 부를 만한 곳의 일각으로 배가 출입하는 항구를 내려다 볼 수 있는 언덕에 오자키신사의 사제(宮司)인 사키야마가(崎山家)의 묘지가 있다. 그 언덕 맞은편에 오자키신사가 있었다.

내가 오자키신사의 사제 댁에서 본 보물인 이나우는 다무라가 말한 것처럼, 흑적(黑赤)의 광택을 가진 것으로 오랜 역사를 알 수 있었고, "에죠가 손 흔들던 옛날"을 목격하고 추억한 것이다.

[일본후기(日本後紀)]에는 고우닌(弘仁) 원년(810년) 10월 27일에 오시마(渡嶋)의 오랑캐가 200여명, 게센군(気仙郡)으로 들어왔는데, 무츠국 관할을 벗어난 사람들이였기 때문에 오시마(渡嶋)로 돌아가게 하려했다. 그러나 오랑캐들이 추운 계절에 해로를 가는 것은 어려우니 봄까지 기다렸다 돌아가고 싶다고 한 청원이 허락되었기 때문에 그들이 머무는 동안 음식과 의복을 제공하라고 통지하였다고 기술하고 있다. 오시마의 오랑캐라고 하면 홋가이도에 거주하고 있던 아이누를 가리킨다. 대거 200여명의 아이누가 게센군에 왔다는 것은 표류라고 생각하기 힘들다. 아마도 북서 계절풍을 이용하여 계획적으로 이주한 것이리라. 아이누가 요청한 게센군에 그들을 받아들일 에죠(蝦夷)들이 있었다는 것이 그 증거이다. 그 에죠가 아이누와 같은 혈통이었는지 아닌지는 별도의 일이지만 양자가 친밀한 관계에 있었다는 것은 틀림없다. 리구고단(理訓許段)신사의 위치에 대하여는 오자키신사와 비교해 보는 것이 가장 좋은 방법이라고 생각되지만, 그 부분은 [와묘쇼(和名抄)]에서 게센군 게센사토(気仙郡気仙郷)에 속하는 내용이다. 그리고 게센(気仙)의 게세(ケセ)또는 게시(ケシ)는 아이누어로서는 아래 혹은 마지막을 뜻한다. 오시마의 에죠가 들어 온 것도 이렇게 생각할 수 있다.

오자키신사(尾崎神社)의 제신은 우카노미타마이지만, 벼농사에 적당하지 않은 바닷가 땅에 벼의 곡령을 모시는 것은 누가 보아도 부자연스럽다. 아이누가 의식에 사용한 이나우는 인간의 소원을 신에게 전달하는 메신저 역할을 하는 것으로 벼와는 아무런 관계가 없다. 가와노 히로미치(河野広道)는 이나우과 같은 것으로서 오롯코, 잇라우, 기리야쿠, 나우 등이 있다고 한다([北方文化論]). 그러나 이나우가 볍씨의 형태를 하고 있는 것을 흉내내어 오자키신사에서는 우카노미타마를 제신(祭神)으로 모신 것이라고 생각된다.

아라하바키 신의 역할

츠루가(敦賀)의 게히신사(氣比神社)는 이자사와케, 즉 오우진천황(応神天皇)을 숭배한다. 본당을 향하여 오른쪽에 츠누가신사(角鹿神社)의 이름을 걸고 있는 지사가 있고, 그곳에 츠누가노아라시토를 숭배하고 있다. 츠누가노아라시토라는 가라(加羅) 왕자가 조선반도에서 바다를 건너 게히포구로 들어왔다고 [수닌기(垂仁紀)]에 기록되어 있다. 원래는 도래인(이루민)이 주신(主神)으로 숭배되었다고 생각되는데, 그 후에 오우진천황(応神天皇)을 주신으로 숭배하고 츠누가노아라시토는 객신(客神)으로 불리게 되었다.

일반적으로 손님 신이나 객신이라고 부르는 신들 중에는 후에 들어온 신, 혹은 때를 따라 손님으로 들어온 신 외에 신사를 조성하기 이전부터 있었던 토착신인 지주신(地主神)을 객신으로 제사하는 경우가 적지 않다. 츠누가노아라시토의 경우가 꼭 그런 것이고, 앞으로 소개하는 아라하바키 신도 그렇다.

신사의 대문에 의관속대(衣冠束帶)의 예복을 입은 모습으로 하바키(脛巾 : 각반)를 맨 두 수행원 차림의 목상이 있는데, 그것을 아라하바키라고 부른다는 것이 특이하다. 아라는 아라다에(荒栲) 등의 아라이고, 하바키는 각반(脛巾)을 말한다.

아라하바키를 신으로 모시는 신사로서는 무사시국 아다치군(武藏國足立郡 : 사이가마현 오미야시)의 히가와신사(氷川神社)가 있다. 오늘날에도 본당의 옆에 문객인사(門客人社)가 지어져 있다. [신편무사시풍토기고]를 보면 제신은 도요이와마도(豊石窓)신,구시이와마도(櫛石窓)신의 두 신인데, 옛날에는 아라하바키신사(荒脛巾神社)라고 불렀다고 기록되어 있다. 후에 히가와신사(氷川神社)의 신직(神職 : 사제)이 문객인사(門客人社)라고 개칭하고, 데나즈지, 아시나즈치의 두 신을 배치했다고 한다.

[신편무사시(武藏)풍토기고]의 다마군(多麻郡) 조항에는 요자와촌(良澤村)에 아라하바키미요신사(門客人明神社)가 있다고 기록되어 있다. 여기에서는 손님을 아라하바키라고 말하고 있다. 제신(祭神)은 도요이와마도(豊石門戸)신과 구시이와마도(櫛石間戸)신이다. 이 두 신은 [고사기]에 "미가토신(御門神)이라고 기록되어 있다. 도요이와마도(豊石窓)의 "마도(窓)", 도요이와마도(豊石門戸)의 "마도(門戸)"는 차자(借字)로서 마도(眞門)라는 의미이다. [고어습유(古語拾遺)]에는 궁 문에는 밖으로부터 사악한 영의 침입을 막아주는 두 신이 있다고 기록되어 있다. [미가도호카이의 축사(御門祭の祝詞)]에는 "요모우치토(四方内外)의 미카도(御門)에, 반석처럼 막고 계시고"라고 기록되어 있다. 여기에서 구시이와마도(櫛石窓), 도요이와마도(豊石窓)의 두 신이 돌신(石神)이라는 것을 추정할 수 있다. 야나기다 구니오(柳田国男)는 [석신(石神)문답]에서, 돌신은 샤구지인데, 샤구지는 방어(사에 : 塞)의 신을 뜻한다고 말하고 있다. 그러면 구시이와마도(櫛石窓), 도요이와마도(豊石窓)의 두 신의 "문신"은 방어신이 변한 것이라는 사실을 알 수 있다.

문객인사(門客人社)는 "문신(門神 : 방어신)"과 "객인신(客人神 : 손님신)"을 합친 것이고, 객인사는 본래 토지의 지주신이었던 것이 후에 도래한 신에게 그 지위를 박탈당하여 손님 취급을 당한 것으로 주객이 전도된 것이다. 또 문신은 원래 방어 신으로 외부에서 오는 사악한 영을 격퇴하기 위해서 설치한 신이라고 이해된다.

아라하바키신을 문객인신이라고 부르는 이유는 지주신의 자리를 빼앗기고 후에 도래한 신을 위해서, 침략하는 사악한 영을 격퇴하는 역할을 담당하였기 때문이다. 아라하바키신의 기본적인 성격은 동서 모두 같은데, 이것을 동북지방에서 살펴보면 구체적인 차이점을 알 수 있다.

예를 들어 1889년에 출판된 다가성고지도(多賀城古址地圖)를 보면, 무츠국(陸奥国)의 주성인 다가성을 둘러싼 축성지의 밖, 그것도 축성지 가까이에 아라하바키미요신(阿良 波波岐明神)이 위치하고 있다. 이것은 분명히 외적을 격퇴하기 위해 만들어 놓은 것이라고 한다. 외적이란 무엇인가. 다가성의 역할은 에죠를 통치하는 일 말고는 아무것도 없었다.

다마츠쿠리다나(玉造棚)의 위치에 대해서는 여러 이야기가 있지만 [지명사서]는 다마츠쿠리군 이와데야마쵸마야마(岩手出山町真山)의 다카하바성지(高波波城祉)를 다마츠쿠리다나라고 말하고 있다. 이와데야마쵸의 시모히도츠구리(下一栗)에 아라하바키곤겐(荒鈉権現)이라는 신이 주목받는다. 그곳은 과거 다마츠쿠리군 다마츠쿠리사토(郷)에 포함되어 있다. 이 아라하바키곤겐도 다마츠쿠리다나를 지키기 위한 방어 신(門神)이었다고 생각된다. 하바키(鈉)는 하바키가네(鈉金)라고도 하는데, 이것은 칼이나 체도(薙刀) 등 검신의 고동(방패막이)에 끼워서 날밑의 움직임을 막고, 검신이 빠지지 않도록 하는 칼집의 입모양을 한 쇠붙이를 말한다. 하바키(脛巾 : 행전)를 붙인 것 같은 모양에서 그렇게 말하는 것이다. 사악한 영을 막아내어 침입하지 못하도록 하는 역할을 한다는 뜻을 드러내기 위해서 일부러 하바키(鈉)라는 어려운 한자를 붙인 것이라고 생각할 수 있다.

[일본서기]에서는 아베오미노히라후(阿倍臣比羅夫)가 사이메이천황(斉明天皇) 5년(659년)에 수군을 이끌고 아키다(秋田), 오시로(能代), 츠가루(津

軽)의 에조(蝦夷)를 정벌했다고 나와있다. 더나아가 시리헤시(後方羊蹄)에는 정청(政廳)을 설치했다. 시리헤시에 의하면 스가에 마스미(菅江真澄)에 의하면 아오모리시(青森市) 차야조(茶屋町)에서 서남쪽에 있는 시리베츠의 숲인데, 그곳에는 미나모토 요시츠네(源義経)의 각반 한쪽을 모시는 아라하바키미요신(荒脚劵明神)이 있다. 요시츠네를 운운하는 것은 후세에 붙여진 것이고, 아라하바키신사는 시리헤시(後方羊蹄)의 정청 옆에 세워서 에조의 침략으로부터 지키기 위한 방안이 아니었을까. 아라하바키라는 명칭은 아라하바키(荒脛巾)에서 유래하는데, 실상은 에조의 신이였다. 에조 신을 가지고 외적인 에조를 격퇴시키고자 한 것이다. 그것은 타민족 하야토(隼人)에게 궁 문을 지키게 하고, 조정을 위해 개짓는 소리를 내게 한 것과 똑같은 심리였다. 아라하바키는 원래 이름이 없는 에조의 신이였는데, 결국 문객인신(門客人神)으로서의 위치를 주어야 마토조정의 신사들 가운데 지사와 말사에 넣게 되었던 것이다.

덧붙여 말한다. 신에게 제사하는 일은 야마토조정이 동북지방에 진출하기 이전부터 행하여졌다. [일본서기]에는 사이메이천황(斉明天皇) 5년(659)에 아베오미노히라후(阿倍臣比羅夫)가 데와(出羽)의 에조를 토벌했을 때, 그들이 배 한척과 오색 비단을 가지고 "그 땅의 신을 모셨다"고 기록되어 있다. "그 땅의 신"이란 분명 토착민들이 신봉하는 지주신 일 것이다.

제4장

창세신화의 전개

가야가베의 신화

[고사기]와 [일본서기]에 나오는 개벽신화와 비슷하게 보이는 설화가 남규슈(南九州)의 변두리 지역에 전해지고 있다.

기리시마(霧島)산록의 마키소노죠(牧園町)나 요코가와죠(横川町)에는 가야가베라고 부르는 숨은 진종(眞宗)이 남아 있다. 에도시대에 사츠마번(薩摩藩)이 철저하게 금지시킨 불교종파인 진종도 탄압이 무서워서 이 지방에서 사람들의 눈을 피해서 숨은 듯이 조용히 연명했다. 그 곳은 성에서 떨어진 폐쇄적인 지역이며 인가는 숲에 가려져 있고, 사람들이 모르는 오솔길과, 시라스대지(규슈남부에 분포하는 화산재로 만들어진 평지)를 파서 만든 동굴이 외부로부터 이 종단을 지키는데 큰 역할을 하였다. 평일에는 아무 일도 없는 듯이 농사에 종사하고, 신도의식을 따라 관혼상제를 행하는 시골사람들이 밤이 되면 비밀 통신망을 이용하여 전부터 맺어온 신앙적 결속을 강화하기 위하여 은밀히 모임을 가진 것이다.

가야가베는 이 지역에서 습관적으로 부르는 종파의 호칭이다. 가야가베(萱壁 : 볏짚 벽) 속에 불상을 숨기고 있기 때문이라든가, 아무것도 안치하지 않고 볏짚에 절하였기 때문이라든가, 또 산 속에 볏짚을 치고 제의를 행하였기 때문이라든가 여러 주장이 있지만 확실한 것은 없다. 그런데, 가야가베(萱壁)라는 말에서 드러나는 이미지는 볏짚으로 벽을 만든다는 말의 의미처럼 기리시마 산속의 가난한 산동네 형편을 나타내는데 적절한 것이다. 종교신앙 외에는 즐거운 일이 없는 사람들의 궁핍함이 신앙을 지키게 했다고 할 수 있다.

가야가베는 [오츠다에(おつたえ)]라는 전승을 가지고 있다. 원래 구전으로 전해진 것이지만 19세기 초 문화시대(文化時代 : 1804~1817)로부터 문서기록이 남아 있다. [오츠다에]에 의하면, 천지개벽 때 세상은 전부 늪의 바다였다. 기리시마의 신은 사람이 살 수 있는 땅을 찾고자 했다. 하계(下界)는 혼돈스러워서 안개인지 섬인지 알 수 없었다. 그래서 신은 닭을 날려서 만일 섬이라면 내려갈 때를 알리라고 명하였다. 닭이 때를 알렸고, 내려가 보니 다카치호(高千穗) 봉우리였다. 그래서 안개 섬(기리시마)이라는 이름이 붙여졌다고 한다. 닭은 신의 종이며 인간이 살 수 있는 땅을 찾아준 은덕을 가진 동물이기 때문에 가야가베 사람들은 절대로 닭을 먹으면 안 된다는 엄격한 금기를 지키고 있다. 여기에서 신이 닭을 날려서 섬을 찾았다는 이야기는 방주에 들어간 노아가 비둘기를 날려서 육지를 찾은 것과 같은 이야기이지만, 성서를 모방한 것은 아니며 독창적 발상일 것이라고 생각된다. 다음의 전승도 고사기 등을 모방한 이야기라고 생각하기 힘들다.

> "아주 옛날 무명(無明)의 암흑에 늪의 바다가 존재하였고 합니다. 그 때는 하늘이라는 것도 없고, 땅이라는 것도 없었으며 여기도 저기도 다만 전체가 질퍽질퍽하는 늪의 바다에서 무명의 암흑이 존재하였다고 합니다. 늪의 바다의 파도 위에 오직 부처님의 광명이 빛을 발할 뿐이었고, 기묘하게 탄생하였다고 합니다."

먼 옛날, 이 세상이 하늘과 땅으로 나누어지기 전, 암흑 가운데 늪의 바다일 때, "오직 부처님의 광명이 빛을 발할 뿐이었고, 기묘하게 탄생하였다고 합니다" 라는 문장은 고사기 등의 서두인 천지시작의 때 탄생한 우마시아시카비히고지신(神)을 부처님으로 바꾼 게 아닌가하고 의심받지만 변두리에 사는 서민이 고사기 등을 원본으로 하여 그런 어려운 일을 했을 리가 없다. 더욱이 전체가 늪의 바다였다는 것은 그 발상에 일본민족의 심성에 그런 공통성이 있기 때문일 것이다. 1881년에 천리교의 교조인 나카야마 미키는 [늪의 바다고기(泥海古記)]를 노래형식으로 지었는데, 160수의 시작에는,

세상의 본래는 늪의 바다
근본이신 신은 월일님이라.

라는 노래로 시작한다. 가야가베의 [오츠다에]는 고사기와 일본서기의 신화만이 유일한 창세설화가 아니라는 증거이기도 하다.

남도의 창세신화

땅과 섬의 창세신화는 일본의 남도(오키나와의 모든 섬)에도 남아 있다. 오키노에라부시마(沖永良部島)에 남아있는 "시마다테신고"는 섬다부다, 땅다부다가 국토를 수리하여 다지고, 사람을 만들어 번성시켰다는 설화이다. 섬다부다, 땅다부다는 태양에게 적토(赤土)를 빌려 바닥을 삼고, 그 위에 흑토를 깔아 섬을 만들었는데, 북쪽 끝을 밟으면 남쪽이 올라가서 섬 못으로 고정시키고, 파도가 쳐올라와서 둔치를 쌓고, 나무를 심고, 계곡과 강

을 만든 다음에 섬 가운데 부락을 만들고 감옥을 만들었다고 한다. 이와 비슷한 오키나와의 개벽신화가 [쥬잔세감(中山世鑑)] 권1에 대강 다음과 같이 기록되어 있다.

아마미쿠는 천제(天帝)의 명을 받아 섬을 만들고자 했지만, 동해의 파도가 서해로 치고 오르고, 서해의 파도가 동해로 치고 올라갔다. 그래서 천제가 흙과 돌, 풀과 나무를 하사하니, 그것으로 섬을 만들었다는 것이다. 섬다부다와 땅다부다, 그리고 아마미쿠의 경우에 모두 섬을 만든 다음에 오빠와 여동생이 아이를 낳아 자손을 번성시켰다는 이야기로 되어있다.

나는 1970년, 미야고지마(宮古島)에서 히라라시(平良市) 시모자키(下崎)의 반고야마(万古山)의 우타키를 지키고 있는 요나하(与那覇) 메가라는 사람에게 다음과 같은 이야기를 들은 적이 있다.

"옛날, 하늘의 대신(大神)이 오야데다 우마데다를 세상에 보내서 미야코(都) 건설을 명하였다. 섬 건설의 시작은 중간 골격을 만드는 것인데 머리는 북쪽의 시마지리(島尻), 가리마다(狩俣), 꼬리는 보라(保良) 곶을 만들었다. 주변도 잘 조성하고 해변들도 완전하게 만들어 미야코지마라고 명명하였다. 그리고 오야데다 우마데다의 주거지로 반고야마가 결정되었다. 인간을 만들기 위해 먼저 개구리를 찾아 그것을 본 따서 만드느라 고생했다. 그런데 최초의 인간은 물의 아들이었다. 거기서 많은 사람을 만들었다. 처음 조성한 동네를 히라이촌(平井村)이라고 이름 붙였다. 그 동네는 만고야마에서 아주 가까이 있었다. 수년간 동네가 번성하였으나 어느 해 보름 저녁에 동네사람이 돼지를 죽여서 신에게 바쳤는데, 신은 피투성이를 바치는 것은 불손이라고 화를 내며, 다른 신들과 상의하여 동네에서 떠나버렸다. 그 후, 며칠 동안 소라게가 공격하여 왔기 때문에 사람들은 동네를 떠나서 야에야마(八重山)에 새 히라이촌을 건설했다……".

당시 90살 된 할머니가 숨넘어가는 소리로 들려준 이야기는 1930년에 그녀가 신의 지시를 받아서 지은 미야코지마 창세기였는데, 그 가운데 지나쳐버릴 수 없는 중요한 요소가 포함되어 있었다. 최초의 인간이 "물의 아들"이라는 것은 [고사기]와 [일본서기]에서 땅을 만들 때 히루코(水蛭子 : 거머리)라는 장애자가 가장 먼저 태어난 것과 같다. 또 이 창세기에는 의식적이지는 않지만 첫 인류의 죄와 고난 이야기가 들어 있다. 소라게로 공격하게 했다는 것은 반고야마에 대게와 같은 소라게가 많기 때문인데, 남도사람들은 소라게를 신의 사자라고 믿고 있다.

반고야마의 우타키 성소 바로 뒤편 해안에 동굴이 있는데, 그 노인은 일년에 한 번 칠 일간 혼자 들어가 물만 먹으며 기도한다. 팔 일째 아침이 되면 태양을 탄생시키기 위한 준비를 한다. 탄생한 태양이 스데미즈(생명의 물)를 적시는 장소도 동굴 속에 있다. 또 거기에는 산석(傘石 : 음양석)도 있다고 한다. 그렇다면 태양을 탄생시키기 위한 무녀의 의식적 교합행위가 그곳에서 이루어진 게 아닐까.

반고야마의 우타키를 연 할머니 이야기는 언뜻 보면 자의적으로 보인다. 그러나 그녀에게 새로운 창작을 만들려는 욕망이 없는 이상, 거기서 분출되는 무의식의 전통을 새롭게 느끼지 않을 수 없었다. 태양이 물세례를 받는 이야기는 이미 고대 중국에 있고, 그 장소는 함지(咸池[楚辭])와 감연(甘淵[山海經])이라고 한다.

그 이야기가 어떻게 미야코지마의 할머니 입에서 나올 수 있었을까. "물의 아들" 이야기도 그렇지만 수수께끼라고 말할 수밖에 없다. 세계 각 민족의 의식 심층부에 잠겨있는 공유의 기억이 시공을 초월하여 간헐적으로 분출된 것이라고 볼 수밖에 없을 것이다.

아무튼 창세신화의 문제는 고사기 등에 한정시키지 말고 넓게 생각할 필요가 있다.

야에야마(八重山)의 홍수신화

홍수신화는 동북아시아, 중국, 대만, 오키나와 등에 널리 분포되어 있다. 예를 들어 사야먀 유기치(佐山融吉), 오니시 요시히사(大西吉寿)의 [생번전설집(生蕃伝説集)]을 보아도 대만의 고지대에 사는 소수민족들의 창세신화에는 홍수 이야기가 수없이 많다.

또한 아마미오시마(奄美大島)에는 옛날 큰 섬을 침몰시키는 큰 풍랑이 닥쳐왔는데, 아데츠(用安의 지명) 남매가 큰 풍랑이 오는 것을 모르고 산에 올라갔다가 우연히 살아남아서 두 사람이 요안(用安)을 만들었다는 이야기가 있다.

야에야마에서는 옛날 하도마지마(鳩間島)에 거대한 츠나미가 덮쳐서 사람들이 모두 츠나미에 떠내려가고 말았는데, 남매만이 섬의 가장 높은 곳으로 겨우 도망갈 수 있었다는 이야기가 있다.

이와사키 다쿠지(岩崎卓爾)의 [맹그로브의 한 잎(ひるぎの一葉)]에는 대강 다음과 같은 이야기가 들어있다.

> "인간이 서로 믿고 사랑하는 느낌이 사라지고, 마음대로 행동하는 때가 많아지고, 가정의 불화와 갈등이 끝이지 않았다. 이미 세상의 타락이 극에 달하여 드디어 신은 부정해진 땅에서 인간과 생물을 멸종시키고자 결심하였다. 그러나 선량하고 경신(敬神)의 마음이 깊은 남매 두 사람은 살려주려고 이시가키지마(石垣島)의 높은 봉우리인 오모토산(於茂登山) 꼭대기로 이끌어 갔다. 그 때, 산이 갈라져서 두 사람을 삼켜버렸다. 땅에는 재해가 일어났고, 기름비가 7일 밤낮을 계속 내렸다. 비가 멈추니 한 쪽 하늘에서 불 탄환이 마치 유성이 떨어지는 듯 난사되었고, 지상은 모두 불바다로 변했다. 사람들은 놀라서 당황하였으나 때는 이미 늦어버렸고 모두 타죽고 말았다. 신은 불타버린 대지로 남매를 인도하였다. 시간이 흐른 후에 불비가 내리기 전보다 자손이 더 많

아지고 번성하였다고 한다"

이와사키 다쿠지(岩崎卓爾)는 이와 비슷한 이야기가 하데루마지마(波照間島)에도 있다고 전한다. 거기서는 신이 불비를 피한 남매 두 사람을 시라이시(産石)에 기대게 하니 여동생에게 산기(産氣)가 있어 물고기를 분만했다. 그 물고기는 모두 독을 지닌 물고기였기 때문에 오빠는 신의 뜻에 맞지 않는다고 괴로워하면서 다른 곳에 작은 오두막을 지어 살게 하였다. 그 곳에서 여동생이 아이를 낳고, 자손이 번성하였다고 한다. 이 독 물고기는 해파리가 되었다는 이야기도 있다.

메이와시대(明和時代 : 1764-1772)의 대지진을 비롯하여 몇 번이나 츠나미를 경험한 야에야마에 홍수전설이 남아 있는 것은 당연하다고 할 수 있지만, 앞서 든 설화는 직접 홍수체험에서 비롯된 것이라고 볼 수 없다. 이와같이 홍수나 불비는 인간의 타락과 신의 진노로 인하여 나타나는 이야기는 세계 각지에서 보이는 공통적인 내용이다.

숨은 기리시탄(천주교인)의 츠나미 전설

나가사키현(長崎県)의 니시소노기반도(西彼杵半島)나 고우도(五島)에 숨어살던 기리시탄(천주교)신도들은 기리지마 산록에 숨어 살던 불교종파인 진종(眞宗) 신도들이 가지고 있던 가야가베와 똑같은 자신들만의 창세신화를 형성하였다. 그것은 신도들 사이에 구전된 것인데, 에도시대 말에 기록되어 [천지시지사(天地始之事)]라는 제목이 붙여져서 전해졌다.

숨은 기리시탄들은 노아의 홍수이야기에 관한 가물가물한 기억을 더듬어 거대한 츠나미가 일어난 이야기를 창작하였는데, 그것은 고우도(五島)에 남아있는 고라이지마(高麗島)의 멸망전설을 바탕으로 하고 있다. 이러한 함도전설(陷島傳說)은 시고쿠(四國)나 오이타(大分)현에도 있고, 멀리는 [금석이야기집(今昔物語集)]에도 그런 종류의 이야기를 찾을 수 있다. 그러나 [천지시지사(天地始之事)]를 읽으면, 거대한 츠나미가 발생한 진짜 원인은 남매의 근친상간에 있다는 것을 알 수 있다.

지금까지 본 바와 같이, 홍수와 츠나미가 서막을 열고, 살아남은 두 사람의 남매가 결혼하여 현재 인류의 조상이 되었다는 이야기가 이어지는 것이 보통이다. 그러나 [천지시지사(天地始之事)]의 츠나미전승에는 남매의 근친상간 설화가 서막을 차지하고 있는 것이 특징이다.

> "오빠는 누이가 그리워지고, 누이는 오빠가 그리워지니 목청껏 서로를 부르며 걷는구나.
> 계곡에서 부르면 높은 데서 소리가 나는듯하고, 높은 데서 부르면 계곡에서 소리가 나는듯하니 목청껏 서로를 부르며 걷는구나."

여기에서 "오메쿠(부르며)"라는 것은 "사케부(외치며)"라는 말의 규슈 사투리이다. 그 다음, 남매가 서로 그리워하며 부르는 광경을 보다 못한 천제 데우스(하나님)가 수리검(手裏劍)을 내던져서 산 위에 꽂았다. 검을 뺄 때 빛이 나서 서로의 모습을 볼 수 있게 된 두 사람은 기쁨에 넘쳐 달려가 만났다. 검에 의해서 남매의 인연이 끊어지고 부부의 서약을 맺었다. 부부의 도를 따라 열두 복자(腹子)들을 낳았으나 모두 쌍둥이뿐이었다. 이로 인하여 가까운 친척간의 혼인은 좋지 않다고 일컬어져 왔다. 이상이 이야기의 대강 줄거리이다.

[천지시지사(天地始之事)]에서는 그 다음 인간이 번성하고 악심과 욕심

의 세상이 되고, 그것이 천제의 노여움을 사서 츠나미의 원인이 되었다고 기술되어 있다. 츠나미의 원인은 악심과 욕심이지 남매혼(男妹婚)으로 인한 것이 아니다. 남매의 인연을 끊고 부부가 된 것이기 때문에 그런대로 합리성을 가지고 있기 때문이다. 그러나 처음에는 말할 것도 없이 남매의 근친상간이 거대한 츠나미의 원인을 제공한 것이리라. 그것이 너무도 생생하고 악덕의 냄새가 나기 때문에 그것을 순화시키기 위한 길이 모색되었고, 데우스의 배려에 의하여 남매의 혈연관계가 청산되는 길이 강구되었을 것이다.

나는 [천지시지사(天地始之事)]에서 먼저 남매의 근친상간 이야기가 선행되고, 그 뒤에 거대한 츠나미 이야기가 나오는 식으로 순서가 바꾸어진 것에 주목한다. 구약성서의 [창세기]에는 남매의 근친상간 이야기가 없다. 한편 홍수전설과 관련하여 나타나는 남매혼에서 홍수가 선행되고 있는 것도 지금까지 본 바와 같다. 그렇다면 남매혼을 앞으로 가져온 데는 특별한 의미가 있을 것이라고 생각된다.

거기에는 인류가 불합리하고 부조리한 관계에서 출발하였다는 무의식적인 주장이 있는 게 아닐까. 오빠와 누이가 서로 사랑하게 되어, 계곡과 산위에서 목청껏 서로를 부르는 것은 마치 금수들이 하는 구애의 광경을 생각나게 한다. 남매는 부부의 서약을 맺고, "그로부터 두려운 길을 깨닫고, 아이를 열두 명 얻었다"고 [천지시지사(天地始之事)]는 기술하고 있는데, 남매의 근친상간은 불륜이기 때문에 달콤한 성애가 더 크게 묘사되고 있는 것이다. 이것을 인류의 시원으로 되돌아가는 "창피하고 부도덕한 행위"(융)의 기억이라고 생각해도 좋을 것이다. 남매의 근친상간이 인류멸망의 원인이 되었다는 주장이 지워져 사라진 글자처럼 [천지시지사(天地始之事)]에 남아 있는 것이다.

실추감(失墜感)의 결여

중국 고대신화 가운데는 대홍수 때 남매 두 사람만 살아남아 부부가 되어 새로운 인류의 시조가 되었다는 전승이 있다. 오빠의 이름을 복희(伏羲), 누이의 이름을 여와(女媧)라고 부르는 경우가 많고, 또한 이 남매는 한(漢)시대의 화상석 등에 하반신이 두 마리의 뱀과 같이 꼬인 모습으로 묘사되어 있다(白川靜[中國의 神話]).

복희, 여와 신화의 계통이 일본에도 전래하여 이자나키(伊邪那岐), 이자나미(伊邪那美) 신화가 되었다고 하는 설도 있다. 나키, 나미는 나가의 변형어로서 뱀을 뜻한다.

그러나 [고사기]와 [일본서기]에서 전하는 이자나키, 이자나미에 의한 세상의 탄생신화는 대홍수가 끝나고 비가 갠 다음 하늘에 무지개가 걸려있는 장면을 생각나게 하는 시점부터 시작한다. 홍수신화의 원인을 설명하는 전반부분이 빠져있는 것이다.

고대 일본인은 야요이(弥生)시대 이래로 저습지대에 씨를 뿌리고 벼를 키우는 논농사에 크게 집착하였기 때문에 일본의 나라 만들기를 대홍수가 끝난 후에 늪의 바다에서 시작하는 것에 아무런 위화감도 느끼지 않았을 것이다. 그러나 나는 그것이 자연적으로가 아니라 거의 반은 의도적으로 홍수신화의 전반부분, 즉 홍수발생의 원인이 된 인간의 죄 부분에 관한 설명이 생략된 것이 아닌가 생각한다.

황실 선조의 부흥을 합리적인 방법으로 설명하고, 황통계보를 확립하는 것이 [고사기]와 [일본서기] 편찬의 주요목적 중 하나였기 때문에 시조가 될 인물이 단순히 오빠와 누이가 아니고, 아자나키, 아자나미라는 고유의 이름을 가진 신이여야 했던 것이다. 그것도 이 두 사람이 같은 어머니의 피를 나눈 남매라고 하는 것은 황실의 시조라는 점에서 보면 도저히 용납

할 수 있는 것이 아니었다. 친남매의 근친상간을 엄하게 벌하게 된 것은 인교기(允恭紀)에 전하는 기나시노가루태자(木梨輕太子)와 같은 어머니의 누이인 가루노오오이라츠메황녀(輕大娘皇女)의 이야기에서도 알 수 있다. 아자나키, 아자나미 두 신에게 인정될 수 있는 것은 남자와 여자 사이의 생과 사의 갈등뿐이다.

아자나키, 이자나미 두 신을 동모남매라고 명확하게 규정하지 않고, 또 천벌에 의한 대홍수의 기술도 생략한 [고사기]와 [일본서기]의 창세신화는 인류 "원죄"의 발생을 설명할 기회를 잃어버렸다. 그러면 왜 "원죄"가 필요한가. "원죄"가 없으면 인간사회의 "부조리"에 대한 해석을 할 수 없기 때문이다. 인간이 죄를 짓지 않은 원시의 낙원, 즉 높은 곳에서부터의 실추감이 사회의 모순, 갈등, 소외에 대한 가장 적당한 해석을 제공한다. 그리고 그 "낙차"는 불쌍한 상태를 극복하려고 하는 인간 충동의 기폭제 역할을 하는 것이다.

일본신화의 특색은 홍수신화의 전반부를 생략해 버렸기 때문에 아주 높은 곳에서 거꾸로 땅에 추락할 때 눈을 뜰 수 없는 것 같은 전율이 없는 것이다.

인간사회의 혼란, 무질서, 파괴의 "원인"을 어디에선가 찾아야 한다. 그것은 다음의 아마데라스와 스사노오의 관계로 넘어갔다. 오리구치 노부오(折口信夫)는 원죄관념의 책임을 스나노오에 돌리고 있다.

창세신화가 가져다주는 최대의 자극 중 하나는 낙원에 대한 향수인데, 일본 신화에서는 "대홍수" 이전의 사회가 아니라, 오히려 스사노오가 추방된 "지하의 나라(根の国), 그가 끝없이 찾은 "하하의 나라(창세)"라는 "본향"에 있다.

다치바나(橘)의 오도(小門)

여기에서 한 번 더 [고사기]와 [일본서기]에 등장하는 이자나키신화로 돌아가 보자. 해외에 널리 분포되어 있는 홍수신화에서는 대홍수 후에 살아남은 남매에 의하여 새로운 인류가 탄생하는 것으로 되어 있는데, 이자나키, 이자나미의 경우도 그 범위를 벗어나지 않는다. 또한 이자나키, 이자나미가 뱀을 나타낸다는 것은 이미 언급하였다.

[고사기]에서는 이자나키, 이자나미의 자식은 미나토(水戸)의 신인 하야아키츠히코(速秋律日子)와 하야아키츠히메(速秋律比賣)이다. 두 신은 아와나기(沫那藝), 아와나미(沫那美), 츠라나미(頰那美)라는 신들을 낳았다. 한편 [일본서기]에서는 아와나기노미고토(沫蕩尊)가 이자나키를 낳았다고 되어 있다.

아무튼 나키, 나미라는 이름을 가진 뱀의 몸을 가진 신이 이자나키의 계통에 보인다.

그런데 이자나키의 자식인 하야아키츠히메(速秋律比賣)의 이름은 궁중에서 행해진 오하라에노고토바(大祓詞) 가운데 "하야아키(速開)히츠메"로 나타난다. "야시호미치(八塩道) 소금의 야호아히(八百會)" 즉 바다 조수가 부딪치는 곳에 "하야아키히츠메"라는 신이 큰 입을 벌리고 바다에 흘러들어 오는 죄를 모두 먹어버린다고 기술되어 있다. 스즈키 시게다네(鈴木重胤)는 [연희식축사강의(延喜式祝詞講義)]에서 "야호아히(八百會)라는 것은 지하의 나라(根の国), 바닥의 나라(底の国)의 수문이고, [신대기(神代紀)]에서 말하는 "하야스히나도(速吸名門)"에 조류의 거품이 소용돌이치며 들어가는 것을 말한다고 기술하고 있다.

이자나키는 황천국을 방문하고 돌아와서 더러운 때를 떨어뜨리려고 "아하노미도(粟門)"과 "하야스히나도(速吸名門)"을 찾아가 보았지만 조수가 빠르고 강해서 "다치바나오도(橘小門)"로 바꾸어 때를 씻어버렸다고 [신대기(神代紀)]는 말한다. "아하노미도(粟門)"는 지금의 나르도(鳴門)해협, 그리고 "하야스히나도(速吸名門)"는 아카시(明石)해협이라고 알려져 있다. 거기서 "하야아키(速開)히츠메"가 큰 입을 벌리고 있다는 것은 바다뱀의 모습을 연상시키지 않을 수 없다. 그렇게 보면 이자나키가 미소기(정결식)를 한 "다치바나(橘)의 오도(小門)"도 츠기지(築地)가 아니라 아와지시마(淡路島) 주변에 위치해 있었다고 보는 것이 자연스럽다.

이자나키가 아와지시마의 섬신이였다는 사실은 리쥬천황(履中天皇)이 아와지시마로 사냥을 왔을 때 섬에 사는 이자나키가 신관에게 신령이 붙게 하였으므로 피 냄새가 진동하였다고 말하고 있는 [일본서기]의 기사에서 확증할 수 있다. 그리고 이자나키는 돌연 천황을 향하여 황비의 죽음을 알린다.

그 불길함은 인교천황(允恭天皇)때 다음의 삽화에 의하여 더욱 강해진다. "인교천황(允恭天皇) 14년(441)에 천황이 아와지에서 사냥을 하였는데, 동물들이 많은데도 한 마리도 잡을 수 없었다. 섬 신의 신탁을 들으니, 동물이 잡히지 않는 것은 바다 속의 진주를 자기에게 바치지 않았기 때문이다.따라서 그것을 바치면 사냥을 잘 할 수 있게 해주겠노라고 말했다. 그래서 아와국(阿波国)의 나가무라(長邑)에 사는 오사시(男狹磯)가 해녀를 바다 속으로 들어가게 하여 진주가 들어있는 아와비(전복)를 취했는데, 해녀는 아와비(전복)를 가지고 나오자마자 숨을 거두었다"는 이야기이다. 이 "섬 신"도 이자나키신임에 틀림이 없다.

다치바나(橘)의 오도(小門)의 후보지를 찾는다면, 앞서 본 인교기(允恭紀)에 보이는 해녀의 출신지인 "아와국 나가무라"(德島県那賀郡賀川町)로부터 남쪽으로 내려간 곳에 위치한 다치바나항(橘港 : 阿南市)이 있다. 가모다(蒲生田)곶이나 마이코지마(舞子島)에 둘러싸인 다치바나항을 한 눈에 내려다 볼 수 있는 츠노미네신사(津峰神社)에 올라가 보면 바로 알 수 있듯이 그곳은 고대부터 "사키의 항구"라고 불리며, 조공을 보내는 항구로 알려진 도쿠시마현 제일의 항구였다. [연희식(延喜式)]에 의하면 아와국에서 귤(橘)과 홍귤(柑子)을 진상했다고 기록되어 있는데, 아마도 나가군(那賀郡)은 진상에 쓰는 다치바나의 산지였기 때문에 다치바나항이라는 이름도 있었을 것이라고 [지명사전]에 기록되어 있다. 이 항구로 인하여 와가야마현의 유아사(湯浅)지방과 해상교통로가 열리게 되었다. 다치바나항의 끝에 있는 츠바키도마리(椿泊)에 많은 성씨인 '유아사'는 기슈(紀州 : 지금의 와카야마현과 미에현남부)에서 도래한 이주자라는 사실을 말해준다. 다치바나항은 조수의 흐름이 부드럽지만 물이 깊기 때문에 항구 안으로 흘러들어오는 후쿠이가와(福井川)의 입구에는 지금도 다다미 2개 정도의 큰 가오리가 알을 까기 위해 찾아온다. 또 전에는 바다 거북이와 상어가 많이 들어왔다고 동네 어부에게 들은 적이 있다. 그곳은 저 멀리 해신궁으로 연결되는 장소이기도 한 것이다.

신대기하(神代紀下 : 第10段, 1書第4)에 시오츠츠(塩筒) 할아버지가 "해신이 타는 준마는 야히로(八尋)악어이니라. 악어가 등가죽을 단단히 세우고 다치바나(橘)의 오도(小門)에서 기다리노라"라고 말하는 내용이 있다. 이것은 해신궁과 야히로악어가 다치바나의 오도와 관련되어 있다는 것을 말하는 것이다.

츠노미네신사(津峰神社)의 산기슭에는 아오키(青木)라는 지명이 있다. 아오키는 츠노미네 산기슭의 나무바다 모양에서 나온 이름인지 아니면 고사기와 일본서기의 아하키(檍)뜰에서 유래한 것인지 확인할 길이 없지만 아무튼 지금보다 항구에 깊이 들어와 있던 고대에 그곳은 이자나키가 미소기(정결식)를 행한 곳이라는 전승이 생성되기에 적당한 곳이라고 생각된다.

이와지지역 사람들은 다치바나항에서 바라다 보이는 나루터 봉우리에 대하여 생명을 재생시키는 산이라고 믿고 있다. 나루터의 봉우리가 보이는 곳까지 가서 지붕 위로 올라가 새벽 영시가 되면 죽음에 직면한 병자의 이름을 부르며 생명을 구해달라고 기도한다. 왜냐하면 나루터 봉우리 신이 하루에 한 사람씩만 살려 주기 때문에 새벽 영시를 기다려 급히 기도해야 하는 것이다. 나루터 봉우리가 사람의 생명을 살리는 신이라는 말은 이자나키가 황천국에서 간신히 도망했을 때, 이자나미가 하루에 천명을 죽이겠다고 협박하니까, 이자나키가 그렇다면 나는 하루에 천오백명을 탄생시키겠다고 대답한 옛날이야기(古事)를 연상시킨다.

게가레(부정)를 씻기 위해서 미소기(정결식)를 행하는 풍습이 아와지시마(淡路島) 주변에서 시작된 것은 아니다. [위지왜인전(魏志倭人傳)]에는 왜의 풍습으로서 장의를 치른 후에 가족 모두가 물 속에서 목욕을 한다는 내용이 있다. 이것은 조선반도에 가까운 북규슈(九州) 해녀들의 풍습을 도래인(이주민)이 견문하여 전한 것이 틀림없다.

그래서 "츠기지(築地) 히고우(日向)의 다치바나(橘) 오도(小門) 아와기하라(阿波岐原)"에서 이자나키가 미소기하라이(정결식)를 행했다고 하는 [고사기]와 [일본서기]의 전승장소를 치쿠젠국(築前國) 가스야(粕屋郡)로 보는 경향도 있다. 그곳에는 다치바나(立花), 아오야나기(靑柳)라는 지명이 있다. 다치바나(立花)는 다치바나(橘), 아오야나기(靑柳)는 아와키(阿波岐; 檍)로 발음이 통한다. 또한 가까이에는 같은 가스야군(粕屋郡) 아즈미사토(阿曇郷)가 있다.

리쥬기(履中紀)를 보면 아와지의 야지마섬 해녀들 사이에 세력이 있던 아즈미노무아지하마코(阿曇連浜子)가 반란에 가담하여 눈에 문신형을 받았다는 이야기가 나온다. 이것은 아즈미씨가 고대의 궁정에도 세력을 가지고 있었다는 것을 말해준다. [고사기]와 [일본서기]에서 "츠기지(築地)"가 강조되고 있는 것은 아즈미씨로 대표되는 해녀들의 옛 미소기 풍습이 규슈에서 시작되었다는 사실을 암시하며 동시에 고대 궁정에서의 아즈미무라지(阿曇連)의 영향력을 반영하고 있다고 생각된다. 고사기와 일본서기의 편자가 신화의 무대를 넓게 보이려는 목적도 들어있는 게 틀림없다. 그러나 아와지섬의 신이었던 이자나키의 미소기 장소는 아와지시마섬 주변에 한정되어 있었던 것이라고 생각하는 게 자연스럽고 합리적이다.

분화조도(噴火造島)의 신

신화가 계속 새롭게 만들진다는 생각을 하게 되면, 일본의 신을 [고사기]와 [일본서기]에만 국한하여 살펴보는 것은 바람직하지 않다. 그 책에 나오는 신들만이 아니라 국토창성(國土創成)에 참여한 이름 없는 신들이 일본각지에 존재한다.

고대 일본인들은 홀연히 국토가 출현한 것을 신의 역사(役事)로 보며 경외롭게 생각했다.

[속일본기(續日本紀)]에는 덴표호지(天平宝字) 8년(764)12월에 오스미(大隅)와 사츠마(薩摩)의 경계지역에서 연기가 나고 컴컴해 지면서 번개 불이 계속 번쩍였다고 한다. 이것은 사쿠라지마(桜島)가 분화한 것을 가리키는데, 그로부터 7일후에 가고시마(鹿児島)의 시나니촌(信爾村) 앞바다에 모래가 쌓여서 섬이 세 개 만들어지고, 화염이 올랐다고 기록되어 있다. 그것은 고쿠부시(国分市) 근해에 위치한 세 개의 섬을 가리킨다고 한다. 그 후에 덴표신고(天平神護) 2년(766) 6월에는 앞서 창조된 오스미국(大隅国)에 신이 새로 만든 섬에 진동이 끊이지 않았고, 주민들이 수없이 흘러나가 죽게 되어 구원하였다고 한다. 또 호키(宝亀) 9년(770) 12월에는 "오

스미 바다에 신이 만든 섬이 있다. 그 이름을 오호나모치신(大穴持神)이라 부른다. 그래서 신당을 조성하였다"라는 기사가 있다.

[일본서기]에는 그에 앞서 덴무천황(天武天皇) 13년(684) 10월 14일에 "이요(伊予)와 토사(土佐) 등에 대지진이 일어나 이즈쇼도(伊豆諸島) 서북쪽이 두 번에 걸쳐 900여 미터 융기하여 섬이 하나 만들어졌다. 북소리와 같은 소리가 신이 섬을 만들 때 나는 소리"라고 말한 세상 사람들의 이야기가 기록되어 있다. 북을 치는 듯한 소리는 덴무천황(天武天皇) 9년(680) 2월 18일 조항에도 기록되어 있어 이미 지진의 징조가 있었던 것으로 볼 수 있다. 그로부터 약 한 달이 지나 대지진이 일어난 것이다.

그러나 이즈쇼도 신의 이름이 처음 나타난 것은 [일본후기(日本後紀)]의 내용인 덴쵸(天長) 9년(832) 5월 22일 조항이다. 그곳에는 이즈국이 진언하여 삼도신(三島神)과 이고나히메(伊古奈比咩)의 두 신이 명신대사(名神大社)에 제신(祭神)되었다고 전하고 있다. 이렇게 이즈시마의 분화조도(噴火造島)의 신이 삼도신(三島神)과 이고나히메(伊古奈比咩)의 두 신이라는 명명화(命名化)가 시작되었다. 결국에 삼도신과 그 배우자 신만이 아니라 자녀신도 탄생하고 그 이름이 명명된 것이다. 예를 들면 [속일본기]에는 쵸와(承和) 5년(838) 7월 5일 사건을 다음과 같이 전한다.

"고우즈시마(上津島;神津島)의 주변 바다가 화염에 휩싸여 불바다가 되었다. 12명의 동자들이 번갈아 가며 화톳불을 들고 바다에 들어가 불을 놓았다. 그런 상태가 10일간 계속되었기 때문에 신관들을 모집하여 점을 치게 하니 고우즈시마(上津島)에 모신 미시마신(三島神)의 본처인 아와신(阿波神)의 행패라는 것을 알았다. 아와신은 다섯 명의 자녀를 낳았는데 후실인 이고나히메노미고토(伊古奈比咩命)에게 관위가 수여되었는데도, 본처인 자기는 그것을 얻지 못했다. 그래서 괴이한 행동을 한 것이라는 신탁(神託)이 내렸다. 만일 신관들이 그런 행패 이유를 진언하지 않으면 사나운 불을 내어 신관들을 멸하고 또 국사(國司)나 군사(郡司)도 돌아보지 않는다면 그들도 멸망시키고 말겠다는 신탁이 있었다."

고우즈시마(上津島;神津島)에는 아와신과 아들 모노이미나노미고토(物忌奈乃命)의 두 신이 모셔져 있다. 당시 무서운 땅의 이변을 두려워한 조정에서는 2년 후인 죠와(承和) 7년(840) 10월 14일에 이즈국에서 조도(造島)의 영험(靈驗)을 내세워 그 때까지 아무런 지위도 없었던 아와신과 모노이미나노미고토(物忌奈乃命)의 두 신에게 종5위하의 지위를 수여하였던 것이다.

이렇게 미시마신(三島神), 이고나히메(伊古奈比咩)의 두 신에 더하여 아와신(阿波神)과 모노이미나노신(物忌奈乃神)의 두 신에게 위계를 수여하여 지방신을 중앙의 종교조직에 편입한 것이다.

앞의 네 신들 외에도 아메츠와게노미고토(阿米都和気命;三宅島), 이다데와게노미고토(伊太氐和気命;御蔵島), 아즈사와게노미고토(阿豆佐和気命;利島), 사키다마히메노미고토(佐伎多摩比咩命;三宅島), 하후히메노미고토(波布比売命;大島), 다게미가가노미고토(多祁美加々命;新島)의 여섯 신이 서품을 받았다. 이것은 850년부터 886년에 이르는 동안에 일어난 일이다.

이즈쇼도(伊豆諸島)에는 죠몬시대(縄文時代 : 12000년전-2400년전)부터 사람이 살고 있었기 때문에 물론 지명도 존재하였다. 그러나 그것에 대한 기록은 보이지 않는다. 다만 여기에서 [미시마대명신연기(三嶋大明神縁起)]와 [미야게지마약사기연(三宅島薬師縁起)]이라는 글이 있는데, 거기는 섬 생성의 신화가 나온다. 그것은 "미야게기(三宅記)"라고 줄여서 부르는데, 아마도 무로마치시대(室町時代 : 1336-1573)에 기록된 것이라고 생각된다. 그 내용을 대강 소개해 보자.

해신신화의 탄생

미시마대명신(三島大明神)은 원래 천축(天竺)의 왕자였으나 일본에 와서 안주할 땅을 구했는데, 고우안천황(孝安天皇) 21년부터 이즈의 바다 가운데 있는 섬을 구워내어 살려고 하였다. 그는 용신이나 천둥신의 힘을 빌려 칠일 밤낮 사이에 열 개의 섬을 구워내었다. 명신은 각 섬에 이름을 붙였다. 제1섬은 하츠시마(初島)섬, 제2섬은 신들이 모여서 섬을 구워내기 위한 논의를 했다고 하여 고우즈시마(神集島)섬. 제3섬은 크기 때문에 오시마(大島). 제4섬은 조수 거품을 모아 만들었기 때문에 색깔이 백색인 니이지마(新島). 제5섬은 집이 세 채 나란히 있는 것 같아서 미야게지마(三宅島). 제6섬은 명신(明神)의 창고이기에 미구라지마(御藏島). 제7섬은 먼 바다에 있기 때문에 오키노시마(沖島). 제8섬은 고지마(小島). 제9섬은 오우고시마. 제10섬은 도시마(十島)라고 명명했다. 후에 대명신은 미야게지마에 궁정을 만들고 살았으며, 오시마, 니이지마, 고우즈시마, 미야게지마, 오키노시마의 다섯 섬에 각각 부인(后)를 두었고, 부인들이 많은 아이를 낳았고, 그 일족은 번영했다고 한다.

이 설화 가운데 제7섬인 오키노시마는 일명 야다게지마 즉 하치조지마(八丈島)이다. 제8섬인 고지마는 일명 야다게고지마, 제9섬인 오우고시마, 즉 아오가시마(青ケ島)를 말한다. 제10섬은 도시마(利島)라고 생각된다. [미야게기(三宅記)]에 대해서 요시다 도우고(吉田東俉)는 "중세불도가 말한 것이지만 고전(古傳)에 제대로 덧붙인 것이다. 쓸데없는 것이라고 할 수 없고, 미시마대신 및 부인아들의 사적, 증거라고 할 수 있는 고서이다"라고 기록되어 있다([地名辭典]).

[미야케기(三宅記)]의 내용이 앞서 기술한 [속일본후기]의 죠와(承和) 5년(838) 고우즈시마(上津島) 분화기사를 배경으로 하고 있는 것은 분명

하다.

[후소약기(扶桑略記)]의 우다천황(宇多天皇)의 닌나(仁和) 3년(887) 11월 2일 조항에 "이즈국 신생도 지도 하나를 헌정하다. 그림내용을 보기 위해 신명 불을 켜다. 조수(潮)로 태우니 은색 언덕과 같구나. 꼭대기에 검푸른 구름이 떠있다"라고 되어 있는데, 이 기사와도 일치한다. 이 기사에서 알 수 있는 것은 [미야케기]가 창작이 아니고 오랜 전승을 답습하고 있는 부분이라는 것이다.

[신생도(新生島)]는 니이지마(新島)를 말하는 것으로 보인다. 전년인 닌나(仁和) 3년(886)에 니이지마에 모신 다게미가가노미고토(多祁美加々命)에게 종5위하의 서품이 수여되었기 때문이다.

미야케지마섬의 미는 어(御)이며 야게는 산을 태우는(焼) 것, 즉 화산 분화를 말하는 것이다. 미야케지마(三宅島)는 미야게지마(御焼島)와 다른 것이 아니다. 미야케지마 분화기록을 보면 대체로 60년 주기를 가지고 빈번히 분화가 일어나고 있음을 알 수 있다. 오시마도 미야케지마에 지지 않을 정도로 분화를 계속하고, 하치조지마(八丈島)나 아오가시마(青ケ島)도 자주 분화하고 있다. 이즈 섬들에서 이런 격렬한 분화는 신의 불로 여겨져, 두려움을 주었기 때문에, 신의 지위를 상승시키는 계기가 되었다. 그 배경에는 조정에서 일하는 이즈(伊豆)의 우라베(卜部 : 사제)의 활약이 있었다고 추정된다.

이즈국(伊豆国)의 우라베는 이키(壱岐)나 쓰시마(対馬)의 우라베와 똑같이 조정에 출사(出仕)하여 점치는 일에 종사하였다. 사제들 가운데는 하치조지마 출신자가 두드러지는데, [고사담(古事談)]에는 호리가와인(堀川院; 藤原基経의 저택)으로 우라베 세 사람이 하치조지마에서 상경한 일이 기록되어 있다. 반노부도모(伴信友)의 [정복고(正卜考)]에 의하면 하치조지마 동네마다 우라베라고 칭하는 거북점을 치는 자가 한 사람씩 있어서 종교에 관여하고 있다고 기록되어 있다.

앞서 든 [일본후기] 내용 중에 덴쬬(天長) 9년(832) 5월, 미시마신(三島神)과 이고나히메신(伊古奈比咩神)이라는 두 신이 명신대사(名神大社)에 모셔질 때도 큰 기근이 일어났는데, 조정에서 점복을 시켜보니 이즈국 신이 행패를 부리고 있는 것을 알 수 있었다는 기사가 있다. 이것을 보면 조정에 출사한 이즈국의 우라베가 끼어 있었다는 것은 부정할 수 없다. 이것은 이즈국에 이상할 정도로 관사(式內社)가 많이 지정되어 있는 것에서 알 수 있다.

관사(式內社 : 延喜式의 神名帳에 記載된 神社)는 이즈국에 92개가 있는데, 그 중에 가모군(賀茂郡)은 그 반인 46개를 점하고 있다. 그것도 46개의 반수인 23개가 이즈의 여러 섬에 모셔져 있다. 또 미야게지마는 12개로 다수를 점하고 있다. 이렇게 보면 미야게지마가 중심이었고, 그것이 가모군 미시마사도 등의 바다 섬으로 펴지고, 이윽고 가모군 전체로도 파급되어 관사의 수가 증가하였다고 볼 수 있다.

전에도 말한 바와 같이 바다 섬에 현현(顯現)한 신들은 덴쬬(天長) 9년(832)부터 닌나(仁和) 2년(886)에 이르는 사이에 10주가 된다.

그 후, 바다 섬에 진좌(鎭座)한 관사가 13개 있는 것이 된다(합계23개). 이렇게 되어 이즈의 우라베의 활약도 있고 해서 [연희식(延喜式)]이 완성될 때까지 미시마신(三島神)의 일가의 조직이 진행되었다는 사실을 알 수 있다.

[증정즈슈지고(增訂豆州志稿)]에 의하면 미시마신에게는 여섯 명의 부인들과 열 여섯 명의 아이들이 있었다. 부인들은 오시마, 시키네지마(式根島), 하치죠지마(八丈島)에 진좌(鎭座) 되었다. 그렇다면, 미야게지마는 세 명의 부인이 있다는 것이 된다. 그러나 여기에는 본처인 고우즈시마(神津島)의 아와신(阿波神)과 시라하마(白浜)에 진좌된 후실인 이고나히메(伊古奈比咩)가 생략되어 있기 때문에 그것을 더하면 모두 여덟 명의 부인이 있

는 것이다. 이렇게 미시마신(三島神)을 주신으로 하는 신의 계보가 형성됨에 따라 부인이나 아이들에게 여러 가지 이름이 붙여지고 있었다. 그러나 미시마신(三島神)에게만은 처음 호칭을 그대로 쓴다. 그것은 미시마(御島), 즉 바다에 있는 섬의 신이라는 뜻을 가진 보통명사에 가까운 신이름이다. 그래서 고대인의 원초적인 명명방법을 알 수가 있다.

미시마신(三島神)은 미야게지마에서 가모군 다이샤고(大社郷)인 시라하마 땅으로 이주했다. 그리고 다시 헤이안시대(平安時代) 말경에 다가다군(田方郡)의 이즈고쿠후(伊豆国府) 부근으로 이주한 것으로 보인다. 그것은 현재의 미시마시에 묘셔진 미시마대사(三島大社)이다.

미시마신(三島神)이 처음 미야게지마에서 시라하마로 이주한 곳은 현재의 이고나히메노미고토신사(伊古奈比咩命神社)의 서북쪽에 있는 옛 시라하마촌오아자(白浜村大字) 나가다가미아게(長田神明) 지역이라고 한다. 가미아케(神明)는 미야게(御焼)와 같이 신불(神焼), 즉 신에 의한 분화를 의미하는 것임에 틀림이 없다.

지금도 이고나히메노미고토신사(伊古奈比咩命神社)에서는 10월 29일 예제(例祭) 전야에 히다치사이(火達祭)라고 칭하며 본당 뒤의 바닷가에서 횃불을 지피고 이즈의 여러 섬을 요배(遙拜)하는 제의가 이루어진다. 과거 각 섬에서도 그것에 화답하여 화톳불을 밝혔다고 한다. 이것은 미시마신(三島神)과 그의 측실인 이고나히메(伊古奈比咩)가 이즈의 섬들과 밀접한 관계를 가진다는 사실을 말하는 것이고, 부신(父神, 비신(妃神), 자신(子神) 사이의 교감을 이야기하는 행사인 것이라고 생각된다.

고대인은 자연의 격렬한 변동을 신의 활동으로 보고, 거기에서 하나의 신화 공간을 만들어 내었다. 그러나 이즈제도의 경우에는 고사기와 일본서기가 편찬된 후이기도 하여 이즈의 섬들로 국한시켜 기술하였기 때문에 많은 것을 놓치고 말았다.

제5장

현인신(現人神)과 원령신앙

히도츠모노

고사기와 일본서기의 서두에는 천지창세에 관한 감동적인 광경이 기술되어 있다. [고사기]에는

> 지상세계가 물에 떠 있는 기름 같으며 해파리처럼 둥둥 떠돌고 있을 즈음, 갈대의 새순처럼 싹이 터 오르는 모습에서 지어진 신명이 우마시아시카비히코지(宇摩志阿斯訶備比古遅)신.

이라고 기술되어 있다. 같은 광경이 [일본서기]에는

> 태초에 하늘과 땅이 열릴 때 토양(土壤)이 둥둥 떠다니기를 마치 물고기가 물위에 떠있는 것 같았다. 그 때 하늘과 땅 중간에 히도츠모노(한 물체)가 생겼다. 그 모양이 갈대의 새순 같았으며 문득 신이 되었다(神代上第一段,本文).

라고 기록되어 있다. 보이는 곳곳이 늪의 바다이며 아직 굳어지지 않은 국토에 어리고 어린 신의 생명이 탄생하는 장면이다. 이 신은 [고사기]에는 "한 신이 되셔서 몸을 숨기시고"라고 되어있는데, 그것은 신이 깜깜한 어

두움 속에 몸을 숨긴 것을 나타내고 있다. 천지창세 때의 적막감이 전해진다.

여기서는 [일본서기]에 갈대의 새순과 같은 모양을 한 것을 "히도츠노모노(한 물체)" 라고 부르는 게 주목된다.

이것에 대해서 생각하게 된 것은 야나기다 구니오(柳田国男)가 [편엽갈대고(片葉蘆考)]에서 열거한 몇 개의 사례 때문이다. 그에 따르면 구마노신규(熊野新宮)에서는 9월 16일 마츠리 때, 신련(神輦)행차의 행렬 가운데 오히도츠모노가 있다. 지금은 삿갓을 쓴 인형을 말에 태워서 건너지만 옛날에는 인형 대신에 사람을 태웠다고 한다.

오히도츠모노는 허리에 갈대이삭을 둘렀다. 갈대는 평상시에 사람이 가까이 가지 않는 기슈오시마(紀州大島)의 북쪽에 위치한 작은 섬에 있는 영지(靈地)에서 가져온 것이다.

또한 사누키(讃岐)의 미도요군 가사다촌(三豊郡笠田村)의 축제 때, 한 촌사람이 히도츠모노라고 부르는 갈대를 들고, 신가마를 따라갔다. 이런 실례에서 볼 때, 원래는 동자신이 몸에 두른 갈대를 히도츠모노라고 부르고, 그 갈대를 채취하는 장소를 신령하게 생각했던 것이 편엽(片葉 : 한쪽으로 쏠린 잎)갈대의 명소로 바뀐 것이라고 야나기다는 말하고 있다.

편엽 갈대란 바다나 냇가의 갈대가 바람으로 인하여 순이 나올 때부터 버릇이 되어 많은 잎들이 줄기의 한 쪽으로 기울어진 것을 말한다. 따라서, 편엽 갈대가 특별히 진귀한 것은 아니다. 그런데 왜 편엽 갈대를 문제시했는가 하면, 편엽의 편(片)은 둘에 대하여 하나를 의미하는 말로 신의 길조일 뿐만이 아니라 직접 신의 출현을 의미하는 신성한 것이기 때문이다. 야나기다는 히도츠노모노라고 불리는 마츠리의 역할은 그것이 마츠리의 중심, 가장 중요한 것이라는 의미의, 일종의 금기어가 아니었을까 하고 추측하고 있다([祭와 司祭者]).

그러나 야나기다의 설명만으로는 갈대를 히도츠모노라고 부른 이유가 분명하지 않다. 히도츠모노라는 단어는 일상적으로 쓰이지 않기 때문이다. 이것에 대하여 나는 앞서 든 [일본서기]의 문장이 기반이 된 것이라고 생각한다.

후대에 갈대 새순과 갈대 잎에 대한 관심이 이어진 것은 야마모토 히로코(山本ひろ子)의 [중세신화]에서 찾아볼 수 있다. 이 책에서는 갈대가 일본인에게 원(原)이미지를 구성하는 중요한 열쇠라는 사실을 강조하고, 중세 개벽신화에 들어있는 신이 갈대 잎을 타고 온 이야기를 소개하고 있다. 오와리(尾張)의 츠시마신사에서 음력 6월 15일에 행하는 "갈대 띄워 보내기(御葦流し)"축제에서 볼 수 있는 바와 같이 갈대에 대한 신앙이 각지에서 보인다. 나는 이런 것들은 [일본서기] 앞부분의 신화를 의식한 것이 분명하고, 갈대새순의 모양을 가진 신이 히도츠모노라는 것을 암묵적으로 알고 있었다고 생각한다. 처음의 것, 하나밖에 없는 것이며 비교 불가능한 것이라는 뜻을 가진 히도츠모노라는 단어가 야나기다의 말처럼, 금기어가 되었고, 후세에 항간에 유포되었다는 사실이 분명하다. 동자신이 허리에 두른 갈대이삭이나 동자신 자신을 히도츠모노라고 부르는 것도 마찬가지로 이해할 수 있다.

국토가 아직 굳어지지 않았을 때, 갈대순과 같은 모양으로 나타난 신이 이 나라가 도요아시하라노미즈호노구니(豊葦原瑞穂国)라는 풍성한 결실을 얻을 땅이 될 것이라고 약속하였기 때문에 특히 중시되었던 것이리라.

나카야마 다로(中山太郎)는 마츠리 때 산새의 깃을 꽂은 삿갓을 쓴 예를 들어서 히도츠모노라고 불리는 동자신은 원래 산새의 깃을 꽂았지만 후에는 억새나 갈대로 바뀌었다고 기록하고 있다([고고학잡지]제10권 제1호). 그런데 오히려 산새의 깃털이 편엽 갈대의 대용으로 사용된 것이 아닐까. 그렇게 생각하지 않으면 갈대순 모양을 한 신을 히도츠노모노라고 부른 것의 참 뜻을 알 수 없게 된다.

편엽 갈대가 중요하게 취급된 예를 하나 들어보자.

1825년에 후쿠이번주(福井藩主)인 마츠다이라(松平) 에치젠노가미(越前守)가 센다이번(仙台藩) 11대 번주인 다테 나리요시(伊達斉義)에게 "편엽 갈대" 30개를 요청하였기 때문에 당시 마노촌(真野村)의 갈대를 헌상했다고 전한다([石券의 歴史]제3권).

이 구마노촌(舊真野村)은 이시노마키(石巻) 근처의 마노가와천을 끼고 있고, 바쇼(松尾 芭蕉)가 [깊은 오솔길] 여행에 나올 때까지는 [만엽집]에 나오는 노래의 지명이 된 "마노의 갈대밭"의 소재지라고 생각되었다. 실제는 [화명초(和名抄)]의 무츠국나메가다군(陸奥国行方郡) 마노사도(真野鄕)라는 것이 정설이다. 나도 1995년 6월에 이시노마키에서 발길을 계속하여 하세데라절(長谷寺)의 관음당 바로 아래 있는 갈대호수에 가 보았는데, 내 키보다 높은 갈대가 숲을 이루고 있었다. 가까이에서 일하고 있던 나이든 농부가 8월경이 되면 줄기의 한 쪽에서만 자라는 잎이 눈에 띄게 된다고 알려 주었다. 그와 관련하여 지붕을 덮은 짚은 모두 가야(억새)라고 부른다. 아시(갈대)와 요시(갈대)도 그 중에 포함된다.

마레비토의 방문

[일본서기]에는 아시가비히코지노미고도(葦牙彦舅尊)의 탄생이야기에 다음과 같은 표현이 보인다.

천지가 혼돈한 상태에 있을 즈음, 처음 가미(神人)가 나타났는데, 우마아시가비히코지노미고도(可美葦牙彦舅尊)라고 불렀다(神代上第一段, 一書의 三).

이 문장에서는 "신인(神人)"을 가미라고 훈독(訓讀)하고 있다. 그리고,

> 아직 하늘과 땅이 생성되지 않았을 즈음, 비유컨대 바다위에 떠 있는 구름이 뿌리를 내리지 못하고 둥둥 떠 있는 듯했다. 그 가운데, 히도츠노모노(한 물체)가 생기는데, 마치 진흙 속에서 갈대의 새순이 처음 나오는 것 같았고, 문득 가미(人)가 되었는데, 구니노고토다치노미고도(国常立尊)라고 불렀다(一書의 五).

여기서는 "사람(人)"을 "가미(神)"로 훈독하고 있다. 다만 아시가비히코지노미고도(葦牙彦舅尊)대신에 구니노고토다치노미고도(国常立尊)가 등장한다. 이 두 문장에서 "신인(神人)" 또는 사람(人)을 가미(神)라고 훈독하는 것은 사람의 모양을 한 신을 뜻한다.

바다 저편에서 건너온 기러기는 저 세상의 신이라고 믿었는데, [만엽집] 17권에 "오늘 아침 가을바람이 차니, 멀리 오는 분인 기러기가 날아 와서 울 때가 되어 가는 구나(今朝の朝明秋風寒し遠つ人雁が来鳴かむ時近みかも)라고 노래하고 있다. "멀리 오는 분"은 저 세상의 신을 뜻한다.

[일본서기]는 아시하라나카구니(葦原中国)로부터 하계(根國)로 추방된 스사노오에 대하여 "그대는 행실이 나빠서 쫓겨 가는 자이다"라고 기록하여 자(者)를 가미(신)로 훈독하고 있다. 이것은 "사람"을 가미(신)라고 훈독하는 것과 같다. 스사노오는 장맛비가 내리는 가운데 풀잎을 엮어서 삿갓을 대신하여 머리에 쓰고, 여기저기 잘 곳을 찾았지만 아무도 쉴 곳을 제공하는 사람이 없었다. 이런 일로 인하여 그 후에 풀잎삿갓이나 풀잎다발을 들고 타인의 집에 들어가는 것을 금하였고, 그것을 범할 때는 반드시 정결식(하라에)을 하도록 하였다. [일본서기]에는 이것을 "태고의 유전"이

라고 기술하고 있다.

[히타치국풍토기(常陸国風土記)]에는 니이나메(新嘗 : 햅쌀을 신에게 바치고 스스로 먹는 제의)날 저녁에 숙소를 빌리려다가 거절당한 조상신 이야기가 나온다. 그리고 [히고국풍토기(備後國風土記)] 내용 가운데 있는 소민쇼라이(蘇民將來 : 速須佐雄神 등 일본각지의 설화 및 그에 기원하는 민간신앙) 등의 이야기가 있고, 또 먼 곳인 야에야마(八重山)의 이시가키지마(石垣島)섬 가비라(川平)의 하에노가(南風野家)에도 그와 비슷한 이야기가 전해지고 있다. 가비라에서는 음력 9월경의 "무술(戊戌)"날부터 시작하는 절기에 동네 젊은이들이 야자 잎으로 만든 모자를 쓰고 집집마다 돌아다니며 축문(祝詞)을 외운다([속일본의 지명]). 그것은 하계에서 도래한 마야신으로 마윤가나시라고도 부르는데, 풀잎 모자를 쓰고 각 집을 방문하는 모습이 스사노오를 방불하게 한다. [일본서기]의 기사는 스사노오의 이름을 빌린 마레비토(稀人 : 시간을 정하여 타계로부터 오는 영적 존재)에 다름이 아니다.

또한 삿갓을 쓰거나 짚을 몸에 두르기 이전에는 나뭇잎이나 담쟁이 잎을 몸에 두르는 것이 마레비토 신의 상징이었다는 사실은 야에야마의 아카마다 구로마타, 미야고지마(宮古島)섬의 시마지리(島尻) 판도(흙투성이 축제)와 가리마다(狩俣) 조상제에서 확인할 수 있다. 와카세(若狹)의 데기누마츠리(手杵祭)에서는 고사리와 같은 양치식물로 만든 관 모자를 사용한다. 풀잎다발을 쓴 스사노오가 가련하게도 이 마츠리에 참가 한다.

남도사람들은 장수노인을 살아있는 저 세상의 신이라고 믿었다.

약 1세기 전까지 미야고지마섬에서는 정월 초하루 아침 일찍 여자와 아이들이 장수노인에게 절하러 가는 풍습이 있었다. 이것을 닌츠우오가미(年頭拜)라고 했다. 자기 집 창가 마루나 현관 계단마루에 정장차림으로 권위를 가진 노인 어른이 절하러 온 사람들의 입에 쟁반에 들어있는 소금을 조금씩 넣어주며 축복한다. 이 소금을 구가니마스(황금소금)라고 부른다. 고대일본에서도 장수하는 노인을 저 세상 사람이라고 생각한 것은 [일본서기]의 겐조천황(顯宗天皇) 조항에 기록되어 있는 "새 집 잔치의 노래" 끝에 "나의 저 세상"이라는 말이 나오는 것에서도 알 수 있다. 오리구치 노부오(折口信夫)는 이것은 노인들을 현세에 살지만 저 세상 사람이라고 생각한 것이라고 해석한다.

타계의 조령(祖靈)이 모습을 나타내서 현세 사람들을 축복하는 일이 의례화된 것은 바다 저편인 저 세상(니라이 : 根の方)의 큰 주인(우후슈 : 大主)이 노인의 모습으로 등장하여 축복을 하는 오키나와연극의 서막 장면일 것이다. 다케도미지마(竹富島)섬의 씨받이마츠리 행사때에도 노인의 모습을 한 저 세상의 큰 주인이 등장한다. 니이나메사이(新嘗祭) 때, 유기(悠紀) · 스기(主基) 밭에서 금기(禁忌) 기도를 드린 이나노미노기미(稲実公)도 노인의 모습을 하고 있는데, 거기에 저 세상에 사는 조령의 형체를 볼 수 있다.

신이 사람의 모양을 취해서 동네사람들을 방문하고 축복한다는 이야기는 저 세상이 드러난 모양새이다. 그것에 대해 오리구치는 다음과 같이 말한다.

사람이 인간이라는 의미로 고정되기 이전에는 신 혹은 신의 계승자라는 의미를 가지고 있었던 것 같다. 그렇다면 마레비토는 방문하는 신이라는 뜻이 된다. 실제로는 사람이 신으로 분(扮)하는 일이 사실이었기 때문에 사람이라고 부르는 게 더 자연스럽다([上世日本의 文學]).

그러나 정월에 소금과 사람들의 관계는 지역에 따라 미묘하게 다르다.

가고시마현(鹿児島県)에는 소금 만드는 사람들이 집단촌을 이루고 있는 해촌이 있는데 그들은 소금집이라는 이름으로 불렀다. 소금집 사람은 정월 이틀 아침 일찍, 해촌의 원근각처로 나가 "소금을 받아주세요"라고 말하면서 근처에 있는 집을 돌아다닌다. 아는 집에서는 쪽문을 살짝 열고 밖에 쌀이나 돈을 준비해 놓는데, 소금집 사람은 소금을 놓고 그것들을 가지고 간다. 후에 동네 젊은이들과 아이들이 소금집 사람을 대신하여 집집마다 돌아다니며 소금을 팔아서 용돈을 벌게 되었다. 각 집에서는 그 소금을 정결식용 소금으로 사용했다. 이것을 젊은 소금팔이라고 불렀다(小野重朗談).

아소(阿蘇)산 동네에도 정월에는 소금 한 움큼을 쟁반에 놓고 "젊은 소금장사를 축복해 주세요"라고 말하며 집집마다 돌아다니는 풍습이 있었다. 농가에서는 쌀 두 홉 반을 내놓고, 소금을 받았다.

처음에는 집에 앉아서 복 소금을 주는 장수노인이 살아있는 저 세상의 신으로 인정되어 절을 받았는데, 후에는 소금집 사람이 신의 역할을 대신하게 되었다. 이때는 "소금을 받아 주세요"라고 상대에게 부탁하는 형식이었다. 그것을 더욱 연장하면, 이웃집 문 앞에 서서 축사를 하는 거지로서의 "축사자(祝辭者)"가 된다. "축사자"는 제 세상에서 도래한 마레비토의 후예이다.

태양의 처 아마데라스

태양 빛을 받고 잉태하여 아이를 낳았다는 이야기, 즉 일광감정설화(日光感精說話)는 다른 나라에도 널리 분포되어 있다. 신라에 아구늪(阿具沼)이라는 늪이 있었는데 한 여인이 거기서 낮잠을 자고 있을 때 태양 빛을 받고 알을 낳았다. 알에서 태어난 여자아이가 신라인 청지일모(天之日矛; 天日槍)왕자의 부인이 되었다는 이야기는 [고사기]의 유명한 글이다. 일본에서는 가고시마현 하야토죠(隼人町)에 있는 오스미쇼하치만규(大隅正八幡宮)의 연기(縁起 : 내력)가 알려져 있다. 그것에 의하면 신단국(震旦国 : 오키나와?)의 진(陳)대왕의 딸인 오히루메(大比留女)가 7살 때 임신을 하였다. 부왕이 이를 이상하게 생각하여 질책을 하니 아침 태양 빛이 가슴을 감싸는 꿈을 꾸었는데, 임신이 되었다고 대답하였다. 부왕은 너무나 놀라서 딸과 딸이 낳은 왕자를 빈 배에 태워서 바다로 띄워 보냈다. 엄마와 아들이 흘러간 곳이 일본의 오스미국 해변이었다. 그 왕자를 하치만(八幡)이라고 불렀다.

이 설화는 야나기다 구니오(柳田国男)나 이시다 에이치로(石田英一郎)가 자주 언급하는 것이다. 또한 츠시마(対馬)의 츠츠(豆酘)에 데루히노사이(照日之菜)라는 딸이 있었는데, 이 딸이 태양 빛을 받고 아이를 낳았고, 후에 츠츠의 소토(卒土)산에서 죽었다. 헤이안시대(平安時代)부터 이 여자가 쇼하치만(正八幡)이라는 설이 생겼다([天道法師縁起]). 데루히노사이(照日之菜)의 사이(菜)는 처(妻; 일본어발음 '사이')의 차자(借字)일 것이다. 오히루메나 데루히노사이는 모두 태양 빛에 정기를 느끼고(感精) 아이를 낳았다. "오히루메노무치"(大日孁貴;[神代紀]上), "아마데라스히루메노미고도"(天照らす日女の命 : [万葉集]巻二) 등에서 아마데라스오미가미(天照大神)가 해의 처, 즉 태양의 처였다는 사실은 의심할 여지가 없다.

오히루메 대(對)하여 와가히루메라는 말이 있다. "와가히루메미고도(稚日女尊)가 재복전(斎服殿)에 좌정하시어 신의 옷감을 짜고 계시다"([日本書紀]神代紀上)라는 기록이 있다. 와가히루메는 나이가 젊은 히루메라는 뜻이다. 그것은 [오모로사우시]에서 말하는 "젊은 입(若ノ口)"과 같다. 이세신궁(伊勢神宮)의 신의제(神衣祭)에서는 오미노무라지(麻績連) 등이 삼을 짜서 제의(祭衣 : 神衣)를 만들어 바쳤다고 기록되어 있는데, 제의를 짜는 것은 신을 모시는 무녀의 역할이다. 이런 것을 보면 오히루메는 연상의 무녀이며 와가히루메는 그녀를 시중드는 나이 젊은 무녀였다고 판명된다.

일광감정설화(日光感精說話)는 미야고지마(宮古島)에서도 볼 수 있는데, 남도에서 가장 많이 찾을 수 있는 곳은 아마미의 섬들이다. 야마시타 긴이치(山下欣一)의 [아마미설화연구(奄美説話の研究)]에는 7가지 사례가 실려있다. 거기에는 여러 가지 형태가 있는데, 공통되는 이야기의 줄거리를 찾아보면 다음과 같다.

"오모이마츠가네(思松金)라는 아름다운 딸이 냇가에서 빨래를 하고 있을 때, 태양이 손을 내밀었기 때문에 정신이 혼미해졌다. 그렇게 잉태한 아이가 신의 아들인데 12개월을 걸려서 간신히 낳았다. 남자 아이는 7세 때 아버지 없는 자식이라고 왕따를 당한다. 어머니에게 아버지에 대해 말해달라고 하니, 네 아버지는 "햇님"이라는 대답을 듣고, 하늘로 올라간다. 햇님은 남자아이가 자신의 아들임을 인정한다. 그리고 인간을 구하기 위하여 인간세계로 내려온다. 그리고 아이에게 도키소우시(トキ双紙)라는 점치는 책을 공부하게 한다. 그리하여 아이의 어머니인 오모이마츠가네는 유다(오키나와 및 아마미오시마섬의 무당)의 조상이 되고, 아이는 도키(나유다)의 선조가 되었다."

오모이마츠가네라는 직물 짜는 처녀가 햇빛에 정기를 느끼고 햇님의 아들을 낳았다는 다른 이야기도 아마미오시마섬에 펴져있으며, 유다는 오모이마츠가네를 자기들의 조상이라고 숭배한다. 이렇게 보면 아마데라스오미가미(天照大神)도 일광감정설화(日光感精說話)를 배경으로 한 무녀인데 처음에는 태양신의 처였던 것이 결국 태양신으로 숭배되게 되었다는 사실은 의심할 수 없다. 그것은 무녀를 신으로 모시는 마츠리의 전통에서 보면 특별히 이상할 것도 없는 일이다.

더구나 [오모로사우시]에는 "데루히메(照る妃)", "데루실물(照る実物)", "데루구름(照る雲)", "데루해(照る日)"등 "데루(照る : 비치다)"를 붙인 여신의 이름들이 많이 나온다. 일본 본토에서도 "시타데루히메(下照姫)", "데루히노마에(照日の前)", "데루야노마에(照夜の前)", "데루데히메(照手姫) 등, "데루(照)"라는 글자를 붙인 무녀들의 이름이 보인다. 무녀의 명명방법이 일본과 류규 쌍방에 같다는 사실은 양자의 관계가 깊고 오래되었다는 것을 암시한다. 아마데라스도 "아마데루(天照る)"에서부터 "아마데라스(天照らす)"까지 정치적인 의도 아래 진화하였다는 것을 알 수 있다.

돌아다니는 무녀(歩き巫女)

[일본서기]에 의하면 야마토히메는 수이닌천황(乗仁天皇)시절, 아마데라스를 봉재(奉齋)하고 신을 모실 땅을 찾아다녔는데, 오미(近江), 미노(美濃)를 거쳐서 이세(伊勢)국에 다다랐을 때 아마데라스가 자기는 이 땅에 거하고 싶다고 야마토히메에게 요청했기 때문에 아마데라스의 "교시를 받들어" 그의 사당을 이세국에 세웠다고 기록되어 있다.

이 이야기는 무녀인 야마토히메가 아마데라스의 신주를 등에 메고 여러 곳을 돌아다녔지만 어디에도 꼭 맞는 장소가 없었는데, 이세국에 이르렀을 때 우연히 아마데라스가 야마토히메에게 영감을 주었다고 전하는 것이다. 그리고 그것을 "오미가미(大神)의 교시를 받들어"라고 표현하고 있다. 이것은 신을 등에 지고 헤매는 동북지방의 "아루키무녀(돌아다니는 무녀)"나 남도의 무녀가 츠즈 신(조상신)을 발견하는 과정과 매우 비슷하다.

아마데라스를 빙의한 야마토히메는 아마데라스와 일체가 된 무녀이다. [일본서기]는 수이닌천황이 야마토히메를 "신 지팡이(御杖)"로서 아마데라스에게 바쳤다고 기록되어 있다. 신 지팡이는 야마토히메가 아마데라스의 빙의자라는 사실을 나타낸다. 미야고지마섬에서는 여신이 지팡이를 잡는 것은 "신의 길을 여는 것"이라고 알려져 있다. 한편 야마토히메노미고도세기(倭姬命世記)]에는 야마토히메의 순회경로가 [일본서기]보다 한층 더 상세하게 기술되어 있다. 거기에는 신 길을 열려고 유리방황하는 한 무녀의 모습이 드러난다.

야나기다 구니오는 [오시라가미고(大白神考)]에서 신의 소리를 듣고, 그 소리가 명령하는 대로 끌려다니듯이 돌아다니는 여자를 "아루키무녀"의 기원이라고 말한다. 그 책에는 오신메이사마를 전해준 옛집의 부인이 꿈 속에서 자주 신이 재촉하는 말을 듣고 목상을 등에 메고 돌아다니는데, 목상신이 여간해서 여기에 거하고 싶다는 말을 해주지 않기 때문에 정처 없이 돌아다닌다는 이야기가 기술되어 있다.

호리 이치로(堀一郎)도 다음과 같이 쓰고 있다.

"오늘날 동북지방에 남아있는 무녀의 회고에 의하면 그녀들이 갑자기 정처 없는 여행을 떠나게 되는 것은 빙의된 신의 "부추김"을 따르지 않을 수 없기 때문이다. 개인의 의지라기 보다는 오히려 신이 명령하는 대로 걷지 않고는 견딜 수 없는 충동으로 긴 세월을 걷는 것이라고 한다([我が国民間信仰史の研究]一)."

앞의 글에서 빙의된 신의 "부추김"이라는 말이 나오는데, 신의 충동을 받고 가만히 앉아 있을 수가 없어서 걷게 되는 것이 "신의 부추김"이다.

츠즈의 신

미야고지마섬에서는 머리끝을 츠즈라고 하는데, 츠즈나 츠즈신이라고 하면 보통 조상신을 가리킨다. 제2장에서 말한 마우신과 같고, 츠즈신도 개인을 수호하는 조상신이라는 것에서 양자를 함께 생각하는 지역도 있다. 그러나 츠즈신은 마우신과 같이 신점을 뽑아서 자신의 수호신을 알게 되는 것도 아니고, 조상의 우다키명을 자신의 신명으로 하는 것도 아니다.

자신의 츠즈신을 아는 것은 다른 방법을 써야 한다. 미야고지마섬에서는 가미 다리(巫病)에 걸린 여자가 이곳 저곳의 우다키에 절하러 다니다가, 어떤 한 우다키를 만났을 때 처음으로 자신의 머리 끝(츠즈)에 특별한 느낌을 받으면 그 곳의 신이 자기의 츠즈신이 되는 것이다.

내가 기카이지마(喜界島)섬에서 들은 이야기다. 할머니 유다가 흰 머리띠를 두르고 백마를 타고 집을 나가서, 말을 자유롭게 다니게 하여 그 말이 멈추는 집에 들어가면 신의 뜻이라고 믿고 그 집에서 모시고 있는 신을 츠즈신이라고 말했다. 남도에서 백마는 신의 사자라고 믿기 때문에 그 발이 멈추는 곳이 신의 발이 멈춘 곳이라고 생각하였다.

오키나와본도에서는 츠즈를 치지라고 발음한다. 리브라(William P. Lebra)에 의하면 치지신은 신점을 하는 유다와 함께 언제나 유다를 수호하고, 지시한다. 유다가 “내 치지가 나에게 이것을 말하라고 해요”라고 하는 말을 자주 사람들은 듣게 된다. 또한 장래에 유다나 노로가 되려는 사람으로서 치지를 찾지 못하고 죽은 사람을 “치진부리했다”, 즉 치지에 의하여 익사 당했다고 사람들은 말했다([沖縄の宗教と社会構造]).

이것은 자신의 신, 즉 치지(츠즈)신의 발견이 무녀에게 얼마나 중요한지, 또 그게 안 되면 그녀의 죽음을 의미한다는 사실을 말해주는 실례이다.

아마데라스는 햇님의 처, 즉 태양신을 모시는 무녀였지만 어느 때부터인가 무녀에게 업혀서 자신을 모시는 장소를 찾아 여행을 떠나는 신이 되었다. 신을 등에 업은 야마토히메는 고대의 “아루키미고”와 다름이 없다. 또한 자신의 츠즈신을 찾아서 헤매는 남도의 무녀였다.

도약하는 무녀

1995년 5월, 나는 오키나와본도의 동남부에 위치한 지넨반도(知念半島) 남쪽에 있는 다마구스쿠촌(玉城村) 후사토(富里)를 방문하여 나카야마 도시히코(中山俊彦)의 안내로 모모도후미아가리(百十踏揚) 묘지에 참배하였다. 산 옆길을 따라 걸으니 큰 벵골보리수 뿌리가 오래된 동굴묘지를 껴안고 있는 것 같이 그늘을 만들고 있었다. 거기에 앉으면 바람도 부드럽고 5백년 전의 옛날이 소생되는 기분이 들었다.

그 후에 나카에마(仲栄真)가에 소장되어 있는 모모도후미아가리(百十踏揚)의 유품인 비녀를 보여주었다. 20센티미터 정도의 크고 화려한 물건으로 금도금에 목단 꽃 모양이 부조로 새겨져 있다. 다이이치쇼시(第一尚氏) 가운데 제6대인 쇼다이규(尚泰久)왕의 왕녀였던 모모도후미아가리(百十踏揚)만큼 파란 많은 생애를 보낸 사람이 없는데, 그녀의 기구한 운명에 위안을 준 물건이라고 생각하기에 충분한 것이다. 그 자손은 지금도 가족 제사 때 그 간자시(비녀)에 절한다고 한다.

모모도후미아가리는 가츠렌성(勝連城)의 성주인 아마와리(阿麻和利)의 처가 되었지만 남편의 모반계획을 알고, 시종인 오니다이죠(鬼大城)의 도움을 받아 수리성(首里城)의 부왕 곁으로 도망갔다. 그러나 한밤중이었기 때문에, 성문이 굳게 잠겨있었다. 그래서 모모도후미아가리는 강신체험으로 탁선(託宣)하며 신이 내려서 놀고 있으니 국왕은 기쁘게 영접하라고 신의 말을 전했다. 국왕이라도 신의 명령을 따르지 않을 수 없었기 때문에 성문이 열렸다. 그 때의 노래가 류규(오키나와)의 옛 노래집인 [오모로사우시]제6권에 게재되어 있다.

백번이라도 밟고 뛰어라

무녀여 밟고 뛰어라
놀아라 해맑게

"기미(君)"는 오키나와에서는 모두 고급 무녀의 호칭이며 남자에게 붙이는 경우는 없다. 류규왕궁 최고의 무녀가 기고에오오기미(聞得大君)다. "놀아라"는 오신(娛神)을 말한다.

모모도(百十)는 모모도(百度)와 같고, 후미아가리는 밟고 뛰는 것이다. 나는 한국이나 아마미오시마섬에서 강신(降神)한 무녀가 뛰는 동작을 반복하는 광경을 여러 번 본적이 있다. [일본서기]에는 오모노누시노가미(大物主神)가 야마토도도비모모소히메(倭迹迹日百襲姬)에게 빙의하여 신탁을 내렸다고 한다. 도도비(迹迹日)는 새가 나는 것, 모모소(百襲)는 백번이고 계속하는 것이리라. 야마토도도비모모소히메(倭迹迹日百襲姬)도 모모도후미아가리(百十踏揚)도 샤먼 댄스의 상태를 나타내는 것이기 때문에 엄밀하게는 특정한 여자에게 붙이는 고유명사라고 할 수 없다.

모모도후미아가리(百十踏揚)의 고발로 아마와리(阿麻和利)는 참살당하고 모도후미아가리는 시종인 오니다이죠(鬼大城)와 혼인하였다. 그 후에 오니다이죠(鬼大城)는 다이이치쇼시(第一尚氏) 대신에 바뀐 다이니쇼시(第二尚氏)에게 살해당하고 모모도후미아가리는 고향인 다마구스쿠촌(玉城村)으로 돌아가 그곳에서 죽었다.

여기에서 주의해야할 것은 모모도후미아가리는 부인의 신분이면서 무녀이기도 했다는 것이다. 남도에서는 성속(聖俗)을 엄밀하게 구분하지 않았다. 기고에오오기미(聞得大君)도 대개의 경우 류규(琉球)국왕의 부인이 그 자리에 앉았다. 그런 고급무녀도 강신체험을 했다는 사실이 중요하다.

축제일의 무녀

지금으로부터 20여년 전, 히사다카지마(久高島)섬에서 음력 정월을 보낸 적이 있었다. 이자이호제의가 행해지는 장소로 유명한 우돈먀(御殿庭)라고 불리는 신전이 마당 정면 오른 쪽에 있었다. 그 날, 구청장을 비롯하여 섬의 중진인 남자들이 마당에 돗자리(莚)를 깔고, 위엄있게 앉아있었다. 신전 안에서는 하얀 예복을 입은 히사다카노로가 돌계단을 올라가서 자기에게 예배하는 남자들에게 한 사람씩 금배에 신주(神酒)를 담아주었다. 거동이 위엄에 차 있고, 섬 남자들도 경건한 태도였다. 본토에서는 무녀가 신을 모시는 일을 하는 여성이지만, 여기에서 무녀는 신 그 자체였다.

오리구치 노부오는 일찍부터 이것을 알고 있었다. 그는 1924년에 집필한 것으로 추측되는 [오키나와에 존재하는 우리 고대신앙의 잔얼(沖縄に存する我が古代信仰の残孽)]이라는 논문에서 다음과 같이 말하고 있다.

> 이들 무녀는 생시에도 제례 때에는 신 그 자체로서의 대우를 받고, 신으로서 숭배되고, 지금도 그 모습은 상존하고 있다. 신년예배에서는 먼 여행길 기원, 곡물기원을 위해 모두가 무녀전(노로돈치)으로 참배하여 무녀에게 절한다. 그렇게 무녀에게 중보를 간청하는 것은 물론이고, 무녀 자체에 대하여 절실히 기원하는 것이다.

나는 바로 오리구치가 말한 그 현장에 서 있던 것이다.

미야기 신지(宮城真治)는 다이쇼13년(1924년) 음력 7월에 나기진촌(今帰仁村)의 해신제를 보았을 때 받은 인상을 기술하고 있다. 그에 의하면 마츠리 당일 노로는 신마츠리 마당에서 부락사람들로부터 향응을 받을 뿐이었고, 제신(祭神)인 해신에게 절이나 기원을 하지는 않았다. 노로에게 물어보니 옛날부터 특별히 절하는 일은 없었다고 한다. 미야기는 이렇게 말한다.

> 제사에 임하는 사제가 우타키(御嶽 : 제단)에서 예배나 기도를 거의 하지 않는다는 것은 오키나와 신도의 본래적 관습이었고, 잊어버리거나 생략한 것이 아니었다. 즉 제사 때는 신이 사제에게 빙의되어 사제가 현인신(現人神)이 되기 때문에 특별히 예배하는 장소도 없거니와 기도하는 장소도 없으며, 신으로써 부락의 우지고(氏子)들로부터 환대를 받고, 진실로 즐거워하면 그것으로 좋은 것이다. 그러므로 제사에서의 사제의 말은 신을 모시는 말이 아니고, 신으로써 직접 축복을 내리는 말이어야 한다. 노리토(祝詞)라는 것도 보통은 신에게 고하는 말이라고 해석되지만 옛날에는 신으로서 수여하는 말씀이었다([山原, その村と家と人と]).

미야기 신지는 노로가 신을 찬양하는 오타가베(祝詞)를 외우는 것은 마츠리의 전날 밤까지이며 마츠리 당일에는 신으로서 미세세르(託宣)를 외운다고 한다.

오타가베에는 마츠리 전날만이 아니라 3일 오타가베, 4일 오타가베가 있고, 오랜전에는 7일간이나 계속하던 것이었는데, 그것을 7일 오타가베라고 칭하였다. 그 기간 동안, 노로는 출입을 금하며 근신하고, 육식을 삼가고, 부추나 락교 같은 냄새가 심한 것은 피한다. 마츠리 전날에는 신성한 물로 정결식(미소기)을 하거나 물로 얼굴을 씻거나 하였다. 그렇게 하여 영혼을 거듭나게 하였다. 전날 밤에는 신아샤게(오키나와의 제사를 행하는 건물)에서 오모로(오키나와의 옛 노래)를 부르거나 춤을 추는 가운데 신이 내려왔다. 그 신령을 몸에 빙의하는 것을 가미사가리라고 부른다. 가미사가리 의식을 끝낸 노로는 살아있는 신이 되어 마츠리를 맞이한다. 불의 신 앞에서 3일 오카가베 혹은 4일 오타가베를 행한 적이 있다는 사실은 [류규국유래기]에 있는 마와시노히라(真和志之平等)나 나카구스쿠마기리(中城間切)의 벼 수확제 조항에서 찾을 수 있다. 이 때 노로는 아직 인간에 불과하지만, 마츠리 날의 노로가 하는 말은 신의 말이 된다. 인간에서 신으로 바뀌는 변모는 마츠리 직전의 정결식과 가미사가리 의례를 통과하여야 실현이 가능하게 된다.

노로가 마츠리 날에 신이 되는 것도, 그 전날 밤에 강신체험이 있어야 한다. 그리고 강신을 위해서는 엄격한 정진수련을 필요로 하였다. 이렇게 하여 마츠리 전의 금기는 신에 대하여 몸을 정결하게 하는데, 이는 근신하는 것만이 아니라 강신하기 쉬운 상태로 자신을 가져가기 위한 것이었다. 예를 들면 시마네현의 미호신사(美保神社)에서 행하는 아오후시가키(青柴垣) 신마츠리에서 가장 중요한 역할을 하는 것은 신 배에 올라타는 두 사람의 도야신주(頭家神主)인데, 도야신주들은 1년간 매일 아침 바다에 들어가 바닷물로 정결식(塩垢離)을 한다. 그 치열한 고행이 끝나는 날이 4월 7일 마츠리 당일이다. 그날 아침 여러 가지 의식을 마친 다음, 도야신주 두 사람은 미호신사의 경내 회당에서 등을 벽에 대고, 손에 부채를 들고, 옷소매를 세워 위엄을 갖추고 앉아 있는데, 얼굴에는 화장을 하여 살짝 붉은색이 난다. 이것은 신이 되었다는 증거다. 그 때 이미 강신한 도야신주는 수일 전부터 금식상태라 혼자서는 서있지 못하기 때문에 좌우에서 부축해 항구에 정박해 있는 신 배에 올라탄다.

이렇게 일 년간, 매일 한 번씩 새벽에 바닷물로 씻는 고행을 마치고, 마츠리에 앞서 수일간은 금식상태에 들어가는 것이 도야신주를 강신하기 쉽게 하는 것이다.

마츠리 전의 고행이나 금기는 공동체의 규범으로 지켜지고 있다. 그것을 지키지 않으면 마츠리의 주역 자격을 얻을 수 없다. 그러나 그것은 마츠리

날의 주역이 사람으로부터 신이 되기 위해서도 필요한 것이었다.

무병(巫病 : 가미다리)

무녀(노로)는 공적인 제의를 주재하는 여신이지만, 유다(미야고섬에서는 강가가리야라고 부름)라고 불리는 민간무녀는 본래 신점을 치고, 신탁을 알리는 것을 직업으로 하고 있다. 한 사람의 유다(강가가리야)로서 신점을 치려면 몇 가지의 단계를 통과해야 한다. 남도에서 유다가 되는 사람은 여성이 대부분인데, 먼저 신이 현세적 욕망을 깨어버린다. 가정의 불화, 질병, 빈곤, 사업실패 등이 여자 위에 하나씩 내려와 붙는다. 이것은 오로지 여자의 마음을 신으로 향하게 하기 위한 신의 배려에 의한 것이다. 다음으로 여자를 정신적으로 불안한 상태로 몰리게 한다. 갑자기 식욕부진이나 불면증에 떨어지게 하고, 또 밤중에도 밖으로 나가게 하거나 참을 수 없는 피로와 착란이 시작된다. 이것을 남도에서는 가미 다리(巫病)라고 부른다. 다리는 다루이(아프다)라는 말이라고 하는데, 신의 해코지라는 설도 있다. 이 경우의 해코지는 다츠, 즉 신의 현현(顯現)을 뜻한다.

가미 다리(巫病) 기간은 많은 위험에 처한다. 남도에서 마지문이라고 불리는 사악한 귀신의 속삭임을 신의 말로 잘못 알고, 유혹에 끌려 미혹되고, 심신착란 끝에 결국은 자살하는 예도 적지 않다. 신과 인간 사이에는 평범한 방법으로는 해결하기 어려운 깊은 단절이 가로놓여 있다. 그것은 길 잃은 영혼을 익사시키는 죽음의 심연이다. 그것을 뛰어 넘은 자만이 일시적인 착란에서 벗어나서 바른 마음으로 돌아가고, 신의 자녀로서의 자격이 허락된다. 남도 유다(강가가리야)의 거의 모두가 가미 다리(巫病)의 시련을 극복하고, 사람에서 신이 되는 길을 걷고 있다.

신 계급의 수여

앞서 언급한 이즈제도(伊豆諸島)의 신들에서 볼 수 있는 것 같이 신이 인간에게 벼슬을 주는 것이 아니라, 오히려 인간이 신들에게 계급을 부여하는 기이한 일이 일본에서는 고대부터 있었다.

[속일본기]에 의하면 고우겐천황(孝謙天皇) 원년(749) 12월에 하치만대신(八幡大神)의 신관인 오가모리메(大神杜女)라는 여자가 천황이 타는 것과 같은 자색 가마를 타고, 수도인 나라로 들어가 도우다이지(東大寺)를 참배하였다. 고우겐천황도 태상천황인 쇼무(聖武), 황태후(皇太后)인 고우묘시(光明子)도 도우다이지로 행차하여 우사하치만대신(宇佐八幡大神)의 탁선(託宣)대로 무사히 대불상이 조성된 것을 감사하고 하치만대신에게 일품(一品)을, 히메신(比咩神)에게 이품(二品)을 부여했다고 한다. 위계는 746년, 쇼무천황이 병들었을 때 하치만대신에게 기원하고, 삼위(三位)에 제수한 것에서 비롯되었다([東大寺要綠]).

신의 계급에는 품위(品位)가 있고, 위계(位階)가 있고, 훈위(勳位)의 구별이 있는데, 모두 쇼무(聖武), 고우겐(孝謙), 고우닌(光仁) 등의 천황 때부터 시작되었고, 특히 헤이안(平安)시대 중기부터 무로마치(室町)시대 말기까지 이세신궁를 제외하고 기회 있을 때마다 모든 신사에 신계(神階)를 수여하였다. 신계는 원래부터 신의 경중과는 관계가 없지만 신사의 등급을 정한 것은 분명하다. 또한 위계에 상당하는 전답 수여와 녹봉이 주어졌다. 그러므로 신사의 재산을 늘리기 위해 품위, 위계, 훈위를 간절히 받고자하였고, 이를 위해 암약하는 자도 적지 않았던 것이다.

그 중의 한 사례를 오모노이미신사(大物忌神社)에서 찾아보자.

동북지방에서는 무츠국(陸奥国)의 관사(式内社)가 100개나 있는데 데와국(出羽国)의 관사는 7개밖에 없다. 그 중에서 명신대사(名神大社 : 국가제사를 행하는 신사)는 오모노이미신사(大物忌神社)와 갓산신사(月山神社) 두 개다.

오모노이미신사(大物忌神社)는 아키다현(秋田県)과 야마가타현(山形県)의 경계에 위치한 죠가이산정(鳥海山頂)에 본사가 있고, 야마가타현 아쿠미군(飽海郡) 유사죠(遊佐町)의 산록에 후쿠라구치노미야(吹浦口之宮) 그리고 와라비오카구치노미야(蕨岡口之宮)가 있다. 오모노이미신사(大物忌神社)에 모노라는 이름을 붙인 것은 사나운 신이기 때문이다. 처음 위격이 높았던 것은 갓산신사(月山神社)였으나 후에 오모노이미신사(大物忌神社)가 더 대우를 받게 된 것은 에죠(蝦夷)의 반란이 끝없이 일어났기 때문이다. 그렇게 추측할 수 있는 근거는 죠가이산 분화때문이다. [기사가타마치교토연표(象潟町郷土年表)]에 따르면 9세기부터 10세기 전반에 걸쳐서 죠가이산의 분화는 여덟 번이나 일어났는데, 그 중에 죠우간(貞観)시대의 분화가 가장 컸다.

죠우간 13년(871) 5월 조항에 죠가이산이 분화하여, 토석(土石)을 태웠는데, 그 소리가 우레와 같았다고 기록되어 있다. 이것은 오모노이미신(大物忌神)이 분노하여 산을 태우고 재앙을 내린 것이며 신에게 빌지 않으면 병란(兵亂)이 일어날 것이라는 신탁이 나왔다. 그래서 조정에서는 오모노이미신(大物忌神)에게 빌었다는 기사가 "삼대실록"에 기록되어 있다.

간교(元慶) 2년(878), 데와(出羽)의 에죠(蝦夷)가 반란을 일으켰다. 그 해 4월에는 관군이 크게 패했다. 7월에는 오모노이미신사(大物忌神社)와 갓산신사(月山神社)에 국사(國司)를 보내 기원하게 하고, 봉호(封戸)를 두 개씩 늘려주었고, 8월에는 오모노이미신(大物忌神), 갓산신(月山神), 오모노이미신(袁物忌神)의 위계를 더 올려주었다. 간교대란으로부터 60년이 경과한 덴교(天慶) 2년(939)에도 아키다성 관내에서 포로들의 반란이 일어났다. 조정에서는 오모노이미신의 분노를 상징하는 분화를 진정시키기 위해 마츠리를 거행하였다. 하늘을 검게 물들게 하는 쵸가이산(鳥海山)의 대분화. 그리고 그 소식을 듣고 에죠의 반란이 가까웠다고 두려워하는 조정. 조정이나 귀족사회의 동요를 꿰뚫어 보면서 신사의 위계를 높이고 신전(神田)과 봉호(封戶)를 더 받으려고 모의하는 사람들. 이런 구도는 각지에서 보였다. 중앙정부의 의도에 따라 신사의 등급이 결정된다는 것은 신사에 대한 조정의 우위를 나타내는 것이라고 볼 수 있다.

문제는 거기에만 머무르지 않는다. 니시미야 가즈다미(西宮一民)에 의하면 [이즈모국풍토기(出雲國風土記)]에는 신기관사(神祇官社) 184개 가운데 25개, 비신기관사 215개 가운데 3개만 봉재신의 이름이 없다. [연희식(延喜式]의 신명부를 보아도 약 64%가 봉재신을 알 수 없는 신사로 되어 있다. 그런데 1717년에 만든 [운양지(雲陽誌)] 이후가 되면 모든 신사의 봉재신이 거의 판명된다. 그것은 아마도 봉재신을 알 수 없는 신사에는 중세 이후 고사기와 일본서기 등에서 얻은 유명한 신명을 새로 봉재신으로 할당하였다는 사실을 말하는 것이라고 니시미야(西宮)는 주장한다([島根の神々]).

고사기와 일본서기의 황통계보에 연결되는 신들을 봉재신으로 하는 것은 원래 근거가 있을 리가 없고, 다만 사격(社格)을 높여서 조금이라도 이익을 얻고자 하는 일념에서 그렇게 한 곳도 적지 않다고 생각된다. 그러므로 그런 봉재신 중에는 설명이 안 되는 것이 적지 않다. 그래서 봉재신을 통하여 신사의 원초형태를 탐구하는 일은 후세가 되면 될수록 더욱 어려워질 것이다. 인간이 신에게 위계를 수여한다는 것은 정말 기묘한 일이며 의

심스러운 것이다. 그러나 그런 일을 특별히 이상하게 생각하지 않고 계속해서 왜곡현상이 일어났다.

봉재신의 변경은 메이지유신 때에도 많이 나타났다. 그것은 야스마루 요시오(安丸良夫)의 [신들의 메이지유신(神々の明治維新)]에 기술되어 있다. 그 한 예가 에도(江戸)시대에 에도의 서민에게 널리 숭배를 받은 간다명신(神田明神)이다. 지금까지 살아있는 인간을 신으로 숭배하는 실례를 보아왔지만, 일본에서는 억울하게 죽은 사람을 신으로 숭배하는 풍습이 나라시대부터 끊임없이 계속되었다. 이것을 원령신앙(御靈信仰)이라고 부른다. 그 예는 일일이 거명할 수 없을 정도이다.

간다명신(神田明神)은 후에 간다신사(神田神社)라는 이름으로 바뀌었는데, 원래는 다이라노마사가도(平将門)의 원령을 위로할 목적으로 만든 것으로 에도 서민들의 신앙의 대상이 되었다. 그 신사제의는 에도의 풍물이기도 했다. 그 신사의 봉재신은 오나무치노미고도(大己貴命)와 다이라노마사가도로 되어 있는데, 1874년에 정부가 그것을 바꾸어 마사가도를 경내의 말사(末寺)에 모시게 하고, 그 대신에 무츠(常陸)의 오아라이이소사키신사(大洗磯前神社)에서 스구나히고노미고도(少彦名命)의 분령을 받아들여 오나무치노미고도(大己貴命)를 모신 신당에 같이 모시도록 했다. 그 이유는 메이지천황이 육군의 군사훈련을 지도하고 돌아가는 길에 간다신사에 잠시 들르게 되었는데, 반역한 마사가도의 영혼을 모시는 신사에 참배하는 것을 용납할 수 없었기 때문이다. 그 결과 동네사람들은 말사로 옮긴 마사가도의 작은 신당에는 즐겨 참배를 하지만, 본당인 간다신사의 제례에는 참가하지 않게 되었다. 그리고 봉재신을 바꾸어 넣은 신관들의 잘못을 고발하며 문제를 일으켰기 때문에 신관들도 어쩔 수 없이 별전(別殿)을 조성하여 마사가도신사라는 간판을 걸었다고 한다.

교조의 예언

[창세신화의 전개]에서 보았듯이 민간종교가 지닌 하나의 특색은 창세이야기를 독자적으로 창작하고 있다는 것이다. 천리교에는 [도로우미고기(泥海古記)]가 있고, 가야가베에는 [오츠다에(御傳)]가 있다. 이 두 이야기가 태고의 진흙 바다로부터 인간의 탄생을 말하고 있기 때문에 고사기와 일본서기에 나오는 수리고성(修理固成 : 떠있는 국토를 잘 정리하고, 만들어 단단하게 세우라) 명령과 연결되는데, 이는 일본인의 사고방식을 나타낸다. 가쿠레기리시탄의 [천지시지사(天地始之事)]에서는 인간의 멸망을 고려도(高麗島)의 함락 전설과 연결하여 설명하고 있는데, 종래의 소재에 새로운 발상을 첨가시키고 있다. 교조나 시조의 수난이야기가 천지창세에 이어지는 경우가 많다. 그리고 당연한 것이지만 그로 인하여 신자들은 종말론적 기대를 갖게 되는 것이다.

데구치(出口) 나오의 생애 말년인 1917년부터 [후데사키(筆先)]를 재구성한 데구치 오니사부로(出口王仁三郎)의 [오모토신유(大本神諭)]는 "위에 올라가 계신 분이 아래 세상에 오시고, 오르락내리락 하며 세상이 많이 시끄러울 것이라고 말씀하시는데, 천지가 개벽되는 때가 오리라"고 외쳤다. 천리본도(天理本道)에는 감로대(甘露臺)라고 호칭하는 오니시 아이지로(大西愛治郎)가 한 말로 "교조님이 고통스러워하신 리(理)의 반대는 천재(天災)이니, 하루 밤에 무너져 흩어지고, 날라서 사라져 없어지게 되는데 금년이야말로 환란의 때이고, 이때는 세상의 불상사이니. 모두들 마음을 고쳐서 착한 마음을 가지고 이 도(道)로 돌아가야 하느니라. 무서운 날이 오리라"라고 외쳤다. 가쿠레기리시탄(숨은 크리스천)들은 선교사 바스찬이 처형되기 전에 말한 예언이 실현되기를 대망하였다. "곤헤소로(고해성사를 받는 신부)가 큰 흑선을 타고 온다." "어디서든지 큰 소리로 찬미가를 부르며 걷는 시대가 온다." "길에서 젠조(이교자)를 만나도 상대가 먼저 길을 비켜주게 된다."

이렇게 종말론적 시간이 있다고 강력히 믿었기 때문에 잠복기리시탄(천주교신자)들은 1643년부터 1865년까지 신부 한 사람, 교회 하나 없었는데도 계속해서 신앙을 유지할 수 있었던 것이다. 그리고 가야가베(구 사츠마의 염불신앙에서 파생된 비밀종교)는 1655-6년경의 종교승(宗教坊)이 포박당하고 처형된 후에도 그 견고한 신앙적 태도를 한 번도 흩트리지 않고 메이지(明治)시대가 오기까지 200년간을 견디어 낸 것이다. 일연종(日蓮宗)의 부수부시파(不受不施派 : 불신자에게는 보시를 받지 않는 종파)는 [어난기(御難記)]에서 보듯이 1600년, 스시마로 유배를 떠난 니치오(日奥) 스님의 수난을 필두로 1630년에 큰 탄압을 당했다. 1875년에 오카야마현(岡山県)에서는 부수부시파 신자를 일일이 감옥에 가두는 일까지 있었다고 하니, 그 법난은 가야가베나 숨은 기리시탄에 뒤지지 않을 정도로 오랜 기간 계속되었던 것이다.

기성종교가 교리를 정밀하게 체계화하기 위해 노력한 데 비하여, 민간종교는 교조나 교단 지도자들의 인격적 감화력에 크게 의존하고 있다. 초월적인 절대자로의 귀의이라기보다는 활력을 가진 인신적(人神的) 존재에 대한 숭배에 의지하고 있는 게 민간종교의 특색이다. 오모토교의 경우는 데구치 나오, 천리교와 혼미치(本道)의 경우는 나가야마 미키 및 오니시 아이지로가 숭배의 대상이다. 일연종의 부수부시파(不受不施派)에서는 니치오가 그렇고, 가야가베에서는 종교승(宗教坊), 그리고 숨은 기리시탄에서는 선교사 쥬완과 바스찬이 숭배의 대상이다.

이들 교조나 시조가 더러운 세상에 대한 비판을 종말론과 연결하여 설명할 때, 그것을 믿는 사람들의 열정은 높아지지 않을 수 없다. 그것은 신약성서가 전해주는 예수의 언행을 생각해 보아도 잘 알 수 있다. "그 때에 유대에 있는 사람들은 산으로 도망하여라. 지붕 위에 있는 사람은, 내려오지도 말고, 제 집 안에서 무엇을 꺼내려고 들어가지도 말아라. 들에 있는 사람은 제 겉옷을 가지러 뒤로 돌아서지 말아라. 그 날에는 임신한 여자들과 젖먹이가 딸린 여자들은 불행하다."

그런데, 환란의 날은 영광의 날이기도 하다. "그 때에 사람들은, 인자가 큰 권능과 영광으로 구름을 타고 오는 것을 볼 것이다."([마가복음] 제13장)

일본에 이렇게 강렬한 종말의식이 없었던 것이 아니다. 그것은 앞서 언급한 데구치오니사부로의 [오모토신유(大本神諭)]에 자주 등장하는 미륵(彌勒)신앙이다. 이것에 대하여는 미야다 노보루(宮田登)가 [미륵신앙의 연구]에서 상술하고 있기 때문에 여기에서는 반복하지 않지만, 미륵의 세상이 올 때까지 만나게 될 천재나 인재를 강조하고, 종말론적 색채를 띠고 있다. 또 한 편에서 미륵 세상은 풍년의 세상이라고 역설한다. 그것은 곡물이나 과실이 언제나 풍부한 "츠네요(尙世 : 저 세상)의 이미지과 겹친다. 미륵 세상은 정신적 이상인 신의 나라가 아니고, 기근이 없는 현실적인 낙토(樂土)의 성격이 강하다.

국조(國造)의 후예인 사제

스와신사(諏訪神社)의 오호리(大祝)는 신을 섬기는 동시에 그 자신이 현인신이었다. [스와대명신에고도바(諏訪大明神画詞)]에는 "우리에게는 몸이 없고, 축언(祝言)으로 몸을 대신한다" 라는 신의 명령(神勅)이 기록되어 있는데 오호리는 스와명신(諏訪明神)의 정체(正體)로서 사람들의 존숭(尊崇)을 받았다.

오호리는 8세의 남자 아이들 중에서 선택한다. 남자 아이는 즉위식에 앞서 22일간 엄격하게 근신하는 시간을 가졌다. 그것을 기요츠기하지메(御清器初)의 의식(儀式)이라고 한다. 그것이 끝나면 오호리의 주거지인 신전 서쪽 방향에 위치한 게이간사(鷄冠社)로 간다. 그곳은 가시나무 궁(柊宮)이나 단풍나무 궁(楓宮)이라고 불리는 곳으로 가시나무 밑에는 큰 돌이 놓여 있다. 단풍나무에 신이 빙의(憑依)한다. 그것을 통하여 신은 큰 돌 위에 내린다. 8세의 남자 아이가 돌 위에 서면, 신장관(神長官 : 대사제)이 남자 아이에게 산 비둘기 색 예복을 입혀주고, 비법인 즉위를 위한 법어를 수여한다. 산비둘기색 예복은 천황이 평소에 입는 의복과 같은 것으로 신옷(神依)이다. 여기서 남자 아이는 스와신의 실체라고 인정되며 오호리의 즉위식을 마친다. 새 오호리는 이윽고 윗전인 혼미야(本宮)로 가서 보물전을 열고 일곱 번 절한 다음에 마에미야(前宮)신전으로 돌아온다. 마에미야에서는 보물을 넣어 둔 우치미다마전(內御玉殿)에 보고를 한다. 우치미다마전은 원래 미다마전(御靈殿)이었을 것이다. 이렇게 오호리는 현인신이 되는 것이다([下諏訪町誌]上卷).

가미샤오호리(上社大祝)의 주택은 마에미야(前宮)에 있고 부지가 3,164평이나 되며 주위에는 츠이지베이(築地塀 : 조약돌과 기와로 쌓은 벽)를 치고, 정문을 오미가도(大御門)라고 부른다. 그 가운데 위치한 고우전(神殿)에 사는 오호리는 에도시대 초기의 [가미샤사례기(上社社例記)]에 의하면, 평소에는 사슴가죽위에 앉아있다. 또한 친한 사람이 죽어도 부정을 타지 않기 때문에 상복을 입지 않았다. 또한 가미샤오호리(上社大祝)는 스와군 밖으로 나가면 안 된다는 엄한 금기사항이 있었다. 오호리가 죽으면 시체를 신전으로 옮기고, 날이 밝기 전에 문 밖으로 남모르게 운반하고, 일반인에게는 그 후에 알리는 방식을 취했다.

이와 똑같은 일이 이즈모국조(出雲國造)의 화계식(火繼式 : 이즈모국조의 이취임을 위한 의식)에서도 볼 수 있다.

이즈모국조는 사망하면 그 죽음을 공표하지 않고 마치 살아있는 것처럼 의관을 바로 하여 앉게 하고, 그 앞에는 제수음식을 올려놓았다. 그 사이에 후계자(嗣子)는 히기리우스(火鑽臼 : 불피우는 나무대)와 히기리기네(火鑽杵 : 불피우는 막대기)를 가지고 바로 국조의 거실 뒷문으로 나와서 밤낮을 달려 멀고 먼 오우군(意宇郡)의 구마노대사(熊野大社)에 참배한다. 그리고 구마노대사의 기리비도노(鑽火殿)에서 신불을 문질러 피우고, 그 불로 만든 밥을 신 앞에 봉헌한 다음, 치아건강의식(歯固めの儀)을 행한다. 그래서 처음으로 국조(國造)로서의 자격을 얻는다. 신불(神火) 상속의식이 무사히 마쳤다는 소식이 도달하면 이윽고 죽은 국조의 유해를 거실 뒷문으로 드러나지 않게 운반한다.

헤이안(平安)시대 초기 고우닌(弘仁)연간(1810-824)까지는 현재의 이즈모시 동남쪽에 위치한 히시네연못(菱根池)에 국조의 사체를 황소에 묶어서 가라앉게 했다고 에도시대에 구로자와 히로다다(黒沢弘忠)가 쓴 이즈모국의 지지(地誌)[가이기츠단(懐橘談)]에 기록되어 있다. 그 후에 매장으로 변했다고 하지만, 그 전승은 먼 후일까지 전해져 이즈모국조의 후예로서 이즈모대사의 궁사(宮司)였던 센게 다카무네(千家尊統)에 의하면 다이샤쬬(大社町)의 변방에서는 중태에 빠진 병자가 회복되지 않는 것을 보면 "그 사람도 결국 황소다"라고 말한다고 한다. 황소는 미야고지마(宮古島)섬에서 명부(冥府)의 사자(使者)라고 알려져 있다. 도토리현(鳥取県)이나 시마네현(島根県) 등 일본 해안선에서는 수장 풍습의 흔적이 있는데 이것도 그 중의 하나인 것이다.

사망한 국조가 수장되는 대신에 신(新) 국조는 거실의 정문으로 들어가서 취임축하연회를 베푼다. 한번 구마노대사에서 문질러 만든 신불(神火)은 국조관내에 있는 화대(火臺)에서 국조가 살아있는 동안 꺼지지 않고 탄다. 신불로 밥을 하는 것은 국조 한사람에게 한정된 것이다. 이렇게 죽음의 부정이 끼지 않게 하고, 구(舊) 국조와 신(新) 국조의 생명이 마치 연속되어 있는 것처럼 연출하는 이유는 이즈모국조라는 직분이 면면히 계속된다는 고대로부터 전해진 사상 때문이다.

에도시대(江戸時代) 초기의 [국사관목록] 1667년 6월 12일 조항에는 이즈모대사 사인(社人)의 담화 가운데 "이즈모국조가에서는 아버지가 죽어서 후사가 국조가 되어도 그 일족은 죽은 사람을 위해서 곡하는 자가 없다. 오히려 신 국조의 직무 계승을 경하(慶賀)한다. 아들은 아비의 매장에 참석하지 않고, 근신하지도 않는다. 이것이 이즈모국조의 먼 조상인 아마노호히오미고도(天穂日命)가 계속 영생하라는 의미를 나타낸다"고 기록되어 있다(千家尊統[出雲大社]).

신주(神主)가 현인신으로 취급된 실례는 이요이치노미야(伊予一の宮)인 미시마사(三島社)의 오호리직(大祝職)에서도 볼 수 있다. 미시마 야스기요(三島安精)에 의하면 미시마오호리 소장의 고문서 가운데 오호리 안겐(大祝安顕)이 남긴 기록이 남아 있다. 오호리 안겐은 고다이고천황(後醍醐天皇) 때인 1336년에 오호리직에 보임되어 고무라가미천황(後村上天皇) 때인 1366년에 사망했다. 기록은 죽기 2년 전인 1364년에 쓴 것이다. 그 기록에 "오호리직은 주거에 신단을 설치하고 황송하게도 나가바다이명신(半大明神)이라고 칭하고, 활을 들지 않고, 국경을 넘지 않으며 날마다 오직 제의를 행하고, 장구한 날(長日) 기도를 그치지 않는 자이다"라고 기술되어 있다. 오호리의 집은 에도 중기의 엔보우(延宝 : 1673~1681)기 현재의 이마바리시(今治市)에 있었다. 오호리는 그 집에 틀어박혀서 오로지 제의와 기도에 몰두하고 있었다. 기록에는 다음과 같은 기술도 있다.

"오호리직은 스와(諏訪)와 당사(當社)에서는 오호리를 가지고 신체(神體)로 대신한다. 듣는 바대로는 스와의 오호리에 있어서는 계승할 자가 있지만, 당사는 계승자가 없으므로, 적자(嫡子)에게 곤노하후리(權祝)를 맡기어, 이것을 보충한다"

미시마사(三島社)의 오호리는 스와사와 같이 승계할 아들이 없기 때문에 적자(嫡子)를 곤노하후리(權祝 : 신사의 성직)에 임명하여 오호리의 업무를 도와주게 하였다. 승계란 8세에 스와오호리가 취임하는 것을 가리킨다. 미시마사의 오호리는 나카바대명신(半大明神)이라고 부르고, 부모의 상(喪)에도 근신하지 않고, 장례도 남이 대신 치르게 했다. 또한 아침 저녁 식사 때 한번 사용한 토기는 두 번 다시 사용하지 않았다. 이것은 제사에 사용한 토기는 두 번 다시 사용하지 않는 것과 같은 의미로서 오호리가 현인신으로 대우를 받고 있었다는 것을 알 수 있다(三島安精, "伊予, 三島社の大祝職" [どるめん]第十七号).

이 외에도 아소국조(阿蘇国造)의 혈통을 면면히 잇는 아소이치노미야(阿蘇一宮)의 대궁사(大宮司)도 신이였다. 아소시모노(阿蘇下野)의 수렵도에는 대궁사가 백마에 올라타고 종자들의 손에는 큰 우산이 들려 있다. 하구헤이(白幣)를 몸에 꽂고 사냥을 하는 모습은 스와의 미사야마(御射山)의 미가리(御狩)의식에 나오는 오호리와 통하는 것이 있다. 스와의 가미샤(上社) 오호리는 사제관을 나와서 시종들을 이끌고 가서 야먀노미야(山宮)의 돌신사에 축원한 다음에 사냥터로 출발한다. 그것은 스와명신의 수적(垂迹 : 假現)모습이라고 한다. [신도집]의 "스와대명신(諏訪大明神)의 아키야마마츠리(秋山祭)의 건"에서 스와명신 스스로 "자기는 오래 전부터 사냥놀이가 좋았다"고 고백하며, 스스로 수렵신으로서의 성격을 노골적으로 나타내는데, 이것은 아소이치노미야의 대궁사의 경우에도 말할 수 있는 것이다.

스와오호리의 가계는 근원을 찾아보면 아소국조로 연결된다. 아소신사의 대궁사, 혹은 스와신사의 오호리가 봉재(封齋)하는 신은 수렵시대 족장의 면모를 방불케 한다.

그것도 아소, 스와, 이즈모, 미시마의 신사들 모두가 국조의 계보를 따르는 호족가문이 사제가 된 것은 주목할만 하다. 오리구치 노부오(折口信夫)는 "국혼(國魂)은 나라의 위력(威力)의 원천이기 때문에 나라를 다스릴 때, 국혼을 좌우할 수 없으면 통치하기 어려운 것이다. 시나노국(信濃国)을 다스리기 위해서는 시나노국의 혼이 몸에 배이지 않으면 다스리기 어려웠다"고 말하고 있다([古代人の 信仰]). 그래서 국조라고 해도 무력으로 지역을 제압하는 것만으로는 충분하지 않고, 종교적으로도 지역 혼을 장악할 필요가 있었다. 국조의 흐름을 계승한 사제는 정치적 권력을 중앙에 넘겨주었지만 후세까지 종교적 권위를 가지고 있던 귀중한 예를 보여준다.

천황령(天皇靈)

오리구치 노부오(折口信夫)가 천황에 관해서도 스와대사의 오호리나 이즈모국조와 동일하게 생각하고 있었던 것은 분명하다.

이 스메미마(천황)의 생명인 신체, 육체는 생사가 있지만 이 육체를 충만하게 하는 곳인 혼은 시종일관 변하지 않는다. 그러므로 비록 육체가 변해도 이 혼이 생기면 완전히 동일한 천자님이 되는 것이다([大嘗祭の本義]).

"스메"는 신성한이라는 뜻이고, "미마"는 몸으로서 천황의 신체를 말한다. 천황의 육체는 유한하지만, 천황의 혼은 영원하여야 한다. 그것을 가능하게 하기 위하여 대상제(大嘗祭)때 "마도코, 오부스마"에 싸여 선제 천황의 영력을 새 천황의 신체에 바꾸어 넣는 의식이 행해졌다. 이 영력을 천황령이라고 부른다.

[일본서기] 비다츠천황(敏達天皇) 10년(582) 조항에 에죠(蝦夷)의 수령이 미모로노오카(三諸岳 : 三輪山)로 가서, 만일 맹세를 지키지 않는다면 "천지의 모든 신들 및 천황의 영, 신(臣)의 씨가 멸절할 것이다"고 기록했다. 맹세를 깨면 천신과 지신(地神 : 國神), 그리고 천황령이 에죠 종족을 멸망시킬 것이라고 두려워하며, 앞으로 자자손손에 이르기까지 천황에게 신(臣)의 본분을 지키겠다는 결의를 보여준 사실이 기록되어 있다.

왜, 에죠는 미모로산에 가서 이 맹세를 한 것일까. 그것은 거기에 천황령이 있다고 믿었기 때문일 것이다. 미모로(三諸)란 미무로(御室)에서 유래한 말로 미무로산에는 암굴이 있는데 그곳이 제사 장소였다고 생각된다. 오리구치는 미무로산, 미무로(御室)와 궁중의 "미무로전(御窟殿)"과 "이와이도전(斎戸殿)을 연관시켜 연구해 보려고 하였다. 이와이도전은 천황, 중궁, 동궁의 혼을 묶는 혼 줄을 넣어둔 곳으로 [삼대실록]에는 세이와천황(清和天皇) 2년(859)에 도둑이 몰래 들어가 이와이도전에 있는 천황의 혼을 훔친 사건이 기록되어 있다. 궁중에서는 매년 11월 인일(寅日)에는 진혼제를 행하고, 11월에는 나가오미(中臣)가 주재하여 그 혼을 이와이도(斎戸)에 안치하는 마츠리가 있었다. 이와이도전의 전신이라고 할만한 것이 "일본서기"의 덴무천황(天武天皇) 슈죠(朱鳥)원년(686) 정월의 조항에 나오는 "미무로전(御窟殿)"에서 예능인(倡優)들에게 녹봉을 하사하였다는 기사다. 그리고 같은 슈죠원년 7월에는 출가자 70명을 선발하여 궁중의 "미무로원(御窟院)"에 안치시켰다고 기록되어 있다. 신을 불러 강신하는 사람들을 예능인들이라고 해석하면, "미무로전(御窟殿)"과 "미무로원(御窟院)"은 조상령을 모신 장소라고 추측된다. 그리고 그 전신은 미와산(三輪山)에 있는 미무로(御室), 즉 동굴이고, 그 동굴이 과거 천황의 유해를 장사지낸 장소가 아니였나 상상해 본다. 암굴에 장사하는 예는 [만엽집]등에서도 볼 수 있다. 더구나 상상을 더 해보면 그곳은 냉동실(氷室)로서 한동안 승하한 천황의 유해를 안치한 게 아닐까. 이 부분은 아직도 고대의 어두움에 갇혀있다.

원령신앙(怨靈信仰)

남도에서는 장수 하지 못하고 죽은 자를 기가즌(キガズン：怪我死)이라고 부르며 기피한다. 기가즌에는 젊은이의 죽음, 여행 중의 죽음, 병사, 전사 등이 포함된다. 그것들을 모두 합쳐서 기가즌(사고사)이라고 말하는 것이다. 그 중에는 불운하게 죽은 자, 정치적 패자로서 처형된 자, 분사자, 횡사자 등도 포함된다. 이런 죽은 자의 영은 산 자에게 해코지를 하기 때문에 원령을 위로하기 위해서 정중히 모시는 의식을 행한다. 예를 들어 덴교(天慶) 5년(942) 7월에 교토에서 비천한 아야코라는 여자가 “나는 스가와라노미치자네(菅原道真)의 영인데, 규슈 다자이후(九州大宰府)에서 죽기는 했지만 생전에 자주 교토 우곤에후(右近衛府：궁중경호소)의 경마장에서 놀았으니 거기에 나를 위무하기 위한 신당을 만들어라”라고 말한 것 때문에 기타노텐진(北野天神)이 생겼다고 한다. 미치자네의 영을 잠재우기 위하여 덴만다이지자이덴진(天満大自在天神)이라는 신명으로 모셨다. 이런 방법은 유명한 사구라소고(佐倉宗吾)에 대하여도 말할 수 있다. 지조도츠야이야기(地蔵堂通夜物語)에 의하면 사구라번의 기우치소고(木内宗吾)는 처형 순간에 눈을 확 올려뜨고 “극락왕생의 소망이 없고, 염불공양도 바라지 않으리라”고 잘라말했다고 하지만, 그 후에 소고 망령의 해코지라고 생각할 수 있는 이상한 일이 성내에서 끝없이 일어났다. 그래서 번주(藩主)인 홋다마사노부(堀田正信)는 미치고, 부인은 죽었다. 그래서 소고가 처형

당한 1653년 다음 해에 다이라노마사가도(平將門)의 신사에 합사(合祀)하고 구치노미야명신(口宮明神)이라고 불렀다. 이것은 입에 대면 안 되는 신령이라는 의미인 것 같다. 그 후에 홋다마사노부는 사구라(佐倉)의 12만석을 박탈당하고, 1만석의 신슈(信州) 이이다(飯田)로 옮기라는 명을 받고 유폐되었으며, 마지막에는 할복으로 죽었다. 이것에 대하여 소고의 영은 농민에 의한 숭배만이 아니라 사형후 백년제, 백오십년제 행사가 치러지고 당시의 사구라 번주로부터 덕만원량풍도한거사(德滿院凉風道閑居士)라는 너무나 아름다운 법명을 받았다.

하나 더 예를 들어보자. 수도쿠천황(崇德天皇)의 시라미네왕능(白峯御陵)은 사누키의 사가이데(坂出)에 있는데, 1868년 8월 26일, 칙사(勅使)가 왕릉 앞에서 메이지천황의 센묘(宣命 : 명령)를 읽었다.

"지난 호겐(保元)연간에 어려운 일이 생겨서 결국에는 멀고 먼 해로로 이 땅을 떠나서 울분 속에 신(神)을 계시게 한 것은 무서운 신의 재앙이 되리라, 너무나 두렵고 너무나 슬픈 일이라 늘 가슴 아파하고 있습니다."

이렇게 말하며 칙사는 수도쿠상황의 신령에게 돌아오기를 간청한다. 8월 26일은 수도쿠상황의 명일에 해당한다. 다음 날인 27일, 칙사(勅使)는 상황의 영정사진을 상여가마(神輿)에 모시고, 교토로 돌아갔다. 수도쿠상황의 신령은 교토의 아스가이죠(飛鳥井町)에 지어진 새 시라미네신사(白峰神社)에 모셨다. 게이오 4년은 무진전쟁(戊辰戰爭 : 1868-1869. 유신정부군과 구막부군의 전쟁)이 일어난 해로 조정 편에서는 오우제번(奧羽諸藩)과 일전을 치르려고 했다. 겐페이세이수이기([源平盛衰記])가 전하는 바에 의하면 "일본국의 대마연(大魔縁 : 재앙)이 되고, 천황을 민중으로 하고, 민중을 천황으로 한다"고 저주하며 분사(憤死)한 수도쿠상황의 영이 오우(奧羽)지역 모든 번(藩)들의 편을 들고 관군을 괴롭혔다고 한다면, 그것이야말로 심각한 사태가 될 수도 있다고 조정은 판단하였다. 그래서 교토에 환국을 주문하고 메이지천황의 센묘(宣命)에도 "요즈음 황군에게 활을 겨누는 무츠데와(陸奥出羽)의 패당을 속히 진압하여 천하안온을 지켜주시오"라는 문장을 넣는 것을 잊지 않았던 것이다. 수도쿠상황이 46세에 죽은 것은 1164년의 일이니 700여년이나 지나간 다음에 일어난 일이었다. 이렇게 산 사람을 직접 위로하고 기분을 맞추려는 태도는 수도쿠상황의 영이 매우 강했기 때문이다. 고시라가와상황(後白河上皇)이 병에 걸려, 수도쿠인(崇德院)의 해코지라고 생각하여 괴로워하다가 시라미네왕능 가까이에 돈쇼지(頓証寺)절을 세웠다. 수도쿠상황이 죽은 지 11년에 다가구라천황(高倉天皇)의 안겐(安元)원년(1175)에는 시라미네왕능이 마치 번개를 맞은 것처럼 진동하였기 때문에 원래 사누키인(讃岐院)이라고 불렀는데 수도쿠인이라는 호칭을 새로 붙였다. 그 후에도 수도쿠인의 해코지는 계속되었다. 그리고 분큐(文久) 3년(1863) 8월 26일에는 수도쿠천황의 700주기 제사를 시라미네에서 행하였다. 그 해는 교토에서 암살이 횡행하여 가장 피비린내 나는 한 해였다. 그 2년 전인 분큐(文久) 원년은 소위 신유년으로 역세혁명을 두려워한 막부가 동란의 발발(勃發)이나 정변이 일어나지 않도록 기도해 달라고 조정에 부탁하였다.

"사람의 복을 보면 바꾸어 화를 만들고, 세상이 진정되는 것을 보고는 난을 일으키는구나"라는 말은 수도쿠상황이 스스로 말한 것이었는데, 세상이 흉흉하게 되고, 인심의 동요가 멈추지 않게 되면 자연스럽게 수도쿠인의 이름을 상기하게 되는 것이었다. 여기에 수도쿠인(崇德院)의 두려움과 일본 원령신앙의 깊은 뿌리가 있는 것이다.

제6장

신관념의 확대

에비스

바다 저편에 대한 대망은 섬에 사는 사람들에게 피할 수 없는 숙명이었다. 그렇기 때문에 계절에 따라 모습을 나타내는 물고기들은 해신(海神)의 선물로 생각하여 에비스라는 이름을 붙였다. 고래를 에비스라고 부르는 지역도 여러 곳 있다. 사람들은 고래를 한 마리 잡으면 해변 마을 일곱이 윤택해진다고 하여 행운을 가져다주는 에비스라고 부르게 되었다.

영악하기로 이름 난 돌고래는 일반 고래나 상어를 해안으로 몰아다 주는 고마운 동물이기 때문에 에비스라고 불렸다. 샤치(돌고래)라는 일본말은 행복이라는 뜻의 사치(幸)와 통하는 것이 아닐까.

미우라반도(三浦半島) 끝에 위치한 미사키(三崎) 어촌에서는 돌고래를 잡으면 집안의 대가 끊긴다고 믿었다. 또한 배 위에서 샤치라는 단어를 쓸 수 없었다. 샤치에 관한 소문만 말해도 원수가 되기 때문에 금기어로 생각하여 대신에 임금님이라고 부르거나 사가마츠라고 불렀다고, 우츠미 노부기치(内海延吉)는 기록하고 있다([海鳥のなげき]). 우츠미에 의하면, 사가마츠는 사가마타의 변형인데, 꼬리가 머리 쪽으로 갈라져 있기 때문에 거꾸로 된 넓적다리, 즉 두 개의 넓적다리로 나누어진 꼬리가 거꾸로 서있기 때문에 생긴 이름이라고 한다.

샤치라는 단어를 입 밖에 내는 것도 조심하고, 임금님 혹은 사가마츠라는 애칭으로 불렀다고 하는데, 샤치도 애칭이지 금기어나 본명은 아니었을 것이다. 어부나 사냥꾼(マタギ)들에게 샤치(사치)는 행운을 가져다주는 말이라고 여겨지고 있기 때문이다. 동물을 잡는 화살이나 물고기를 잡는 낚시에 외래혼령이 붙게 되면 그 활과 낚시는 강한 주력(呪力)을 얻는다. 그것이 샤치이다.

[만엽집]에 나오는 [사츠유미(佐都弖)]나 [사츠야(佐物矢)]등도 사냥할 때 행운을 가져다주는 화살이라고 믿는다. 그런 풍습이 아이치현(愛知県)이나 시즈오카현(静岡県)의 사냥꾼들 사이에 전해지고 있다. 사냥감을 명중시킨 탄환을 빼서 모아놓고 그것을 새로운 납과 합쳐서 만든 탄환을 샤치다마라고 부르며 반드시 명중시킬 것이라고 믿었다. 한편 샤치(サジ)는 죽음을 은폐시키는 산 사람들의 용어이다. 내가 아키다현(秋田県)의 아니(阿爾)지방에서 들은 이야기인데, 사냥꾼이 곰을 붙잡으면 "이다즈(곰)를 사지돗타"라고 외친다고 한다. 사지토루라는 말은 죽는 것을 의미하는 사냥용어이다. 또한 니이가타현(新潟県)의 미오모테촌(三面村)에서는 곰이 죽는다는 것은 샤치나루라고 말한다고 한다. 사냥꾼들은 곰고기를 사냥을 돕는 샤치노미라고 부른다고 한다.

이와 같이 바다의 사나운 물고기를 부르는데 샤치라는 오키나와 말을 이용하였을 지도 모른다. 아이누는 샤치를 "항구를 지배하는 신", "오키나와의 신", "우리가 두려워하고, 무서워하는 신" 등으로 부르고 있는데, 또한 "바다생선을 해변으로 보내주는 신"(이소, 얀게, 가무이)이라고 부르기도 한다. 이소는 바다의 생선(幸), 즉 풍어를 말한다.

상어와 비슷한 물고기인 진베이 상어는 가츠오 떼를 데리고 다니며 수영을 즐기는데, 어부들은 가츠오를 얻을 수 있기 때문에 에비스 상어라고 부르고 있다.

동물영

동북지방이나 홋가이도(北海道) 사람들의 생활에 없어서는 안 되는 연어도 에비스라고 불렸다. 연어는 북쪽 이방족의 정취를 지니고 있었다.

야마가타현(山形県)의 쇼나이(庄内)지방에서는 12월 15일, 그 해에 잡힌 연어들의 정령이 "오오스게 고스게 지금 지나간다"라고 외치며 강을 거슬러 올라간다. 연어의 외치는 소리를 들은 자는 3일 안에 반드시 죽는다. 그러므로 그 날은 고기잡이를 멈추고, 귀를 막고, 술과 떡을 먹으며 연어 소리를 듣지 않기 위해서 시끄럽게 소란을 피운다고 한다. 스게란 큰 연어를 말하는 것으로 왕 연어의 정령이 강을 올라갈 때, 그 소리를 들은 자는 죽는다는 이야기를 두려워 하지 않을 수 없는 것이다(「속 일본의 지명」[續日本の地名] 1페이지).

야나기다 구니오(柳田国男)는 [어왕행걸담(漁王行乞譚)]에서 연못이나 웅덩이의 주인이라고 할 수 있는 거대한 뱀장어나 곤들매기(岩魚)가 매우 크거나 특이한 모양을 가지고 있고, 다른 것들과 비교해서 특별하게 보이는 경우에 "어왕"이라는 이름을 붙였는데, [산신]의 저자인 네리 나우만(Nelly Naumann)은 "동물의 종족영"이라는 말을 사용하고 있다. 그런 점에서 늑대나 곰도 산의 왕자이기 때문에 산신령이라고 부르기에 합당하다.

그런 면에서 듀공(Dugong)도 분명히 해령(海靈)이라는 이름으로 부를 수 있다. 남도에서는 잔 혹은 잔어라고 부르지만, 미야고에서는 요나다마라고 불렀다는 사실을 [미야고지마구기(宮古島舊記)]에 있는 기록에서 알 수 있다. 기록에 의하면 미야고에서 멀리 떨어진 섬인 시모지지마(下地島)섬에서 어느 날 한 어부가 인면어체(人面魚體)를 한 동물을 낚아서 석쇠에 그을려 먹으려 하는데, 바다 저편에서 요나다마라고 부르는 소리가 났다. 그리고 요나다마가 '정말 불에 태워질 것 같아요'라고 부르짖으니, 그것을 구하기 위해서 큰 츠나미가 닥쳐왔고, 섬이 순식간에 없어져 버렸다고 한다. 인면어체는 잔어를 말하는 것인데, 그것이 요나다마라고 불린다는 사실은 바다의 주인이라고 믿었기 때문이다. 요나는 바다라는 의미이고, 요나다마는 바다영혼이라는 뜻이다.

오늘날도 시모지지마섬 옆에 이라부지마(伊良部島)섬의 사와다(佐和田)에는 요나이다마라는 말이 남아 있다. 요나이다마는 요나나이다마의 약자이다. 나이는 지진만이 아니라 물체가 흔들리는 것으로 요나나이는 츠나미를 의미한다.

이것은 바다에 대한 두려움을 전해주는 이야기이다. 그와 관련하여 남도의 방언으로 잔은 츠나미를 뜻하는 사이(サイ)라는 말의 변형이다. 이라부지마섬에서는 츠나미를 "소우(潮)올림"이라고 부르기도 한다. 소우와 사이는 발음이 비슷하기 때문에 차자(借字)일 뿐이다.

요나다마에 상응하는 단어는 와다츠미(海靈)이며 야마츠미(山靈)와 같이 자연을 지배하는 영적인 힘이다. 거기에는 어류 전체의 왕인 동물영의 기운이 스며있다.

후세에 와다츠미는 바다라는 존재를 의미하는 단어로 변한다. 그리고 와다츠미를 지배하는 와다츠미신이 등장한다. "미"라는 영력에 더하여 "신"이라는 인격적 호칭을 덧붙이게 되었다.

와다츠미신은 어부들에게는 풍어를 약속하고 항해자를 풍랑으로부터 보호하는 자비로운 신이지만, 다른 한편 와다츠미신의 등장으로 "경외로운 것"이라고 불린 동물들의 영력은 상실하게 되었다. 헤령 또는 바다주인의 위치에 있었던 모든 동물은 와다츠미신을 따르는 자들이 되고, 해신을 태우는 역할로 만족해야 했다.

해신을 태우는 물고기

아마미오시마(奄美大島)에서는 돌고래를 네리야(니라이가나이)신의 사자(使者)라고 믿고 있다. 해신을 모시는 마츠리 때, 아마미의 노로(神女 : 무녀)들은 고기잡이를 흉내 내는 의식을 행하는 가운데 파도 사이를 넘나드는 돌고래들의 움직임을 연기한다.

오키나와본도 동쪽 해안에 위치한 구시촌(久志村) 데이마(汀間)에서는 해신제 때,

히토의 고기는 우리의 니레에
우리의 가나에 이끌어 내어라

라는 가사를 노래하고 있다. 히토는 돌고래의 남도방언이다. 니레, 가나는 니라이가나이, 즉 신의 섬이며 속칭 용궁을 말한다. "이끌어 내어라"라는 말에서 돌고래는 니라이가나이신을 태우는 물고기였다는 것을 알 수 있다.

오키나와본도 북부의 서해안에 위치한 오기미촌(大宜味村)에서는 해신제 때,

우리의 니레신이야 잔 끄는 애야 놀자

라는 신요(神謠)를 노래한다. 이것은 니라이신이 잔을 타고 놀자는 것으로 잔은 해마(海馬)라고 쓰기도 하기 때문에 해신이 타는 것으로 생각한 것이다.

시마(志摩)의 이소베(磯部)에 세워진 이조궁(伊雜宮) 마츠리는 6월 24일에 행하는데, 그 때 7마리의 상어가 비늘을 세우고 참배하러 온다는 전승

이 있다. 이조궁(伊雜宮)에는 전에 큰 배가 난파하여 조난자들이 나무판 한쪽에 올라타려고 할 때 상어가 그들을 태워서 구해주는 그림액자가 있었는데, 어느 때인가 분실하고 말았다고 한다.

[일본서기]에는 해신궁에서 히고호호데미가 육지로 나왔을 때, 해신을 태운 것이 약 2미터나 되는 악어였다고 기록되어 있다. 또한 도요다마히메(豐玉姬)가 큰 거북이를 타고 바다를 가르며 왔다고 한다. 이런 이야기에 나오는 동물들은 원래 해신이었지만 여기에서는 해신의 조력자가 된 모습이다.

종족영과의 합체

야나기다 구니오(柳田国男)의 [도오노이야기(遠野物語)]에는 아주 먼 옛날 도오노분지가 호수였을 때, 연어를 타고 게센(氣仙)항구를 통해 들어온 사람이 도오노동네를 처음 세운 시조 집안이 되었다는 전승이 기술되어 있다. 그래서 개척자인 미야(宮)씨 댁에서는 지금도 연어를 먹지 않는다.

또한 도오노의 뒷동네에 사는 한 의사의 외동딸이 갑자기 사라졌는데, 그 후 몇 년이 지난 후에 집의 배수구에서 연어 한 마리가 튀어나왔다. 집안사람들은 그 물고기를 사라진 딸의 화신일 것이라고 생각하며 그 때부터 연어를 질대로 먹지 않기로 했다고 한다. 이 이야기는 에도시대 후기에 속하는 것이라고 한다. 흐린 빛이 들어오는 구멍으로 튀어 오르는 연어의 자태에서 그리운 딸의 모습을 찾고자 한 가족들의 눈빛은 애절한 것이다. 연어를 딸의 화신이라고 생각하는 마음에는 특별한 것이 있다. 가족들이 그 딸에게 준 애정도 그렇지만 자기 집안의 혈통과 연어의 인연을 믿지 않으면 이런 이야기는 만들어질 수가 없다.

상어를 먹지 않는 곳은 남도에도 많다. 미야고지마섬을 처음으로 통일한 나가소네도요미야겐가(仲宗根豊見親玄雅)가 바다에 표류하고 있을 때 상어가 달려와서 도요미야(豊見親)를 등에 업어 살려주었다는 이야기는 유명하다. 그래서 나가소네도요미야겐가는 "사바소씨겐가(鯖祖氏玄雅)라고 불렀다고 류규(流球)의 정사인 [규요(球陽)]에 기술되어 있다. 사바(鯖)는 오키나와에서 상어를 말한다. 그러므로 사바소씨라는 것은 상어를 선조로 하는 씨족이라는 의미이다. [규요]에는 나가소네도요미야의 7대 조상을 상어가 살려주었다는 기사도 실려 있다. 상어에게 구조되었다는 이야기는 다른데서도 많이 발견되는 것으로 보아 후세에 첨가된 것으로 보이며, 원래는 상어를 선조로 하는 씨족이야기였을 것이라고 생각된다. 겐가의 후예인 나가소네가에서는 오늘에 이르기까지 상어고기를 절대 먹지 않는다. 상어고기를 먹으면 금방 토해낼 것 같고, 반년이고 일 년이고 상어냄새가 나서 메스껍다고 한다.

이시가와현(石川県) 후게시군노도쬬(鳳至郡能都町)의 마와기유적(真脇遺跡)에서는 수많은 돌고래 뼈들이 출토되었다. [노도시비(能都志微)]에 의하면, 에도시대의 마와기촌은 순수한 어촌으로서 돌고래의 어장이었다. 그곳에서는 스즈갑(珠洲岬)곶의 미사키(三崎)로부터 다가구라신(高倉神)을 분양 받아서 모셨는데, 그 신이 돌고래를 좋아한다고 하면서 돌고래를 잡으면 그 첫 수확을 먼저 신에게 바치는 것이 관습처럼 되어 있었다. 그 반대로 미사키에서는 4,5월경에 많은 돌고래가 바다를 헤엄치며 나타나 미사키신사 앞에 모이기 때문에 돌고래의 미사키참배라고 말하며 돌고래를 신의 사자(使者)라고 믿고 절대 포획하지 못하도록 하고, 먹는 것도 금지되었다고 기록되어 있다.

듀공(Dugong)은 츠나미를 부른다고 하며 두려워했고, 앞서 기술하였지만, 오키나와본도에서는 듀공고기를 해안에서 먹게 하고, 집으로는 가져오지 못하게 했다. 한편 류규 궁정에서는 말린 잔고기를 중국에서 온 사절의 접대나 정월 음식으로 사용하였다. 야에야마(八重山)의 아라구스지마(新城島)섬이나 미야고의 이게마지마(池間島)섬에서는 잔을 잡아서 먹었는데, 소와 돼지의 최상육을 합친 맛이 날 정도로 맛이 좋다고 한다. 이것은 메이지(明治)말경 잔고기를 먹은 경험이 있는 이게마지마섬 할아버지들에게 직접 들은 이야기이다.

이런 물고기들을 조상신으로 숭배하고 그것을 먹지 않는 습관을 후세까지 굳게 지키는 사람들이 있는가 하면, 다른 한편에서는 그것들을 바치는 것으로 조상과의 일체감을 맛보는 사람들이 있다.

상대와 한 몸이 되고 싶다는 욕망을 가장 소박하게 달성하는 방법은 두 가지가 있다. 하나는 상대를 먹는 것이며, 다른 하나는 상대와 혼인하여 교합하는 것이다.

본토에는 장례식을 "뼈물기" 혹은 "뼈씹기"라고 부르는 곳이 남아 있다. 이 뼈는 문자대로 죽은 사람의 뼈이다. 이게마지마섬에 사는 한 노인은 장례식 때 돼지고기가 들어있는 음식을 나누어 먹는 것은 죽은 사람을 연상하는 것이 아닐까한다고 나에게 술회한 적이 있다. 오키나와에 조상을 먹는 습관이 실제로 있었다는 증거가 있다. 이하 후유(伊波普猷)는 다음과 같이 말한다.

> "옛날에는 사람이 죽으면 친척과 이웃이 모여서 그 고기를 먹었다. 후세에 그 풍습이 바뀌어 인간 대신에 돼지고기를 먹게 되었으나, 오늘날에도 가까운 사람들을 마츠시시오에가(眞肉親類)라고 하고, 먼 친척을 푸도푸도오에가(脂肪親類)라고 하는 것은 거기에서 온 것이다([南島古代の葬制])."

죽은 사람의 고기나 뼈를 왜 먹었는가 하면, 자기의 몸으로 그 생명을 이어 가고자 하였기 때문인데, 이것은 당연히 동물의 경우에도 해당된다.

이런 바다나 강 회유어(回遊魚), 동물들을 잡아먹는 것이 매년 행하는 절기마츠리와 관련이 있는 반면에 어떤 지역이나 어떤 집안에서는 조상신인 물고기들을 먹는 것을 엄격하게 금지하도록 변경된 것이 아닐까.

이종류(異種類)와의 혼인

동물과의 통혼(通婚)에 대하여는 실로 여러 신화, 전설, 옛이야기가 전해지고 있다. 이것은 이류혼인담(異類婚姻譚)이라고 부르는 것으로 거기에는 동물을 신으로 여기며 선조로 섬기던 시대의 기억이 흔적으로 남아 있다.

이종류(異種類) 가운데서도 하늘에서 나는 새, 땅에서 걷는 동물, 물에서 헤엄치는 물고기의 경우에는 사라지는 상대 동물에 대한 대응방법에 다른 점이 있는 것 같다. 예를 들어 "학부인"의 경우는 학 쪽에서 모습이 사라진다. 학(鶴)과 동류인 백조가 일본인에게 오래 동안 신으로 숭배 받아 왔다는 사실을 생각하면 인간이 뒤를 따라가는 게 당연하다. 미야기현(宮城県)의 시라이시(白石)나 시바다(柴田)에는 백조를 모시는 신사가 있고, 그 근처에서는 백조의 깃털이 땅에 떨어져도 맨손으로 잡으면 안 되며 수저를 사용하여 깃털을 집어 종이에 싸서 신사에 놓인 상자에 넣어두었다 ([日本의 地名]18페이지). 아오모리현(青森県)의 나츠도마리반도(夏泊半島) 작은 항구에서도 백조를 "우부스나님(産土様)"이라고 불렀다. 자기들의 고향을 지켜주는 신이며 선조신이라는 의미이다.

다음으로 "여우부인"의 경우는 구즈노하 이야기(葛葉物語)와 연결되어

전개되는 이야기가 알려져 있다. 오리구치 노부오(折口信夫)에 의하면 구즈노하 이야기의 배후에는 태고로부터 전해져 온 깊은 의미가 숨겨져 있고, 여우도 조상신으로서 신앙의 대상이었다는 흔적이 있다고 한다. 구즈노하라는 이름을 가진 여우는 그 정체가 알려지게 되어서, 유명한 노래를 써놓고, 후에 끌려가는 듯이 울면서 시노다 산(信太の森)으로 돌아간다는 내용으로 되어있다.

더구나 "물고기부인"의 이야기 중에는 다음과 같은 내용이 있다.

미야고지마섬에 잔어가 많이 몰려오는 것은 잔이 좋아하는 해조(海藻)가 이게마지마섬에서 오가미지마(大神島)섬, 그리고 가리마다(狩俣)의 해안에 많았기 때문이다. 가리마다에는 다음과 같은 이야기가 남아있다. 가리마다의 어부가 해변에서 예쁜 물고기를 발견하여 그것을 잡아 기르는 중에 아름다운 여자로 변했다. 그래서 부부가 되어 둘 사이에 아이가 생겼다. 부부싸움을 할 때, 남자는 부인을 향하여 너는 가리마다 해변에서 잡아온 물고기이니 원래는 인간이 아니었다고 저주하였다. 그래서 부인은 그렇다면 나는 바다로 돌아가겠다고 말하고 해변으로 내려갔다. 부인은 바닷물이 허리까지 잠기면서 "정말로 가도 좋아" 라고 남편에게 물었다. 남편은 "가라" 고 말했다. 부인은 목까지 물이 잠겼을 때, 다시 한번 미련이 남은 듯 남편에게 물었다. 남편은 같은 대답을 하였다. 그 때 부인은 잔어의 모습으로 바뀌어 바다 저편으로 사라져버렸다고 한다.

지금까지 본 것처럼 학부인에 대하여는 인간 편에서 애석한 마음으로 그 뒤를 쫒아가지만, 여우부인이나 물고기부인의 경우에는 사라져 가는 여우나 물고기가 인간에 대한 애석한 마음을 숨기지 않는 것으로 차이가 있다. 단편적 시각일 수 있으나, 크게 나누어 보면 천상의 동물과 지상의 동물에 대한 의식의 차이가 보인다. 그러나 이것은 지상의 거룩한 동물들이 인간에게 예속되는 과정에서 생긴 의식의 차이라고 볼 수도 있다.

아오(靑)신과 아로우신

종족영, 어왕, 해령(海靈)과 같은 여러 동물의 영적인 위력이 소멸되고, 해신이나 니라이신의 조력자나 전령과 같은 형태로 변하는 과정은 지금도 계속되고 있다.

일본의 신이 인간화되고, 또한 신격화함에 따라 추상화되고 원래의 모습을 잃어버리게 된 것에 대해 다른 방면에서의 고찰이 가능할 것이다. 그것은 고대인들이 죽은 자의 섬을 어떻게 생각했는가에 관련된 것이다. 이것을 오키나와의 예를 통하여 보고자 한다.

오키나와에는 "아오노섬(青の島)"이라고 불리는 근해의 작은 섬이 있는데, 그곳은 배로 사체를 운반하여 동굴에 묻은 곳이며 동굴무덤 속이 아련히 엷은 황색 빛을 비추고 있기 때문에 "아오노섬"이라고 불렀다. 오키나와에서는 제2차 세계대전이 끝난 다음까지 황색을 오우(靑)라고 불렀다. 아오노섬은 지금은 오우(奧武)라고 표기한다. "아오노 섬"에 대해서는 [일본의 지명](岩波新書, 2페이지)에도 기술되어 있으므로 참고할 수 있다. 일본본토에서도 가장 가까운 섬에 분묘(墳墓)를 설치한 실례는 적지 않다. 현해탄이나 세도나이가이(瀬戸内海) 주변이 특히 눈에 띈다. 그러나 "아오노섬"의 경우는 본토의 해도고분(海島古墳)과 같이 시체를 매장하는 것이 아니고, 동굴에 관을 놓는 풍장(風葬)이다.

오우지마(奧武島)섬은 오키나와본도 주변에 있지만 미야고(宮古)에서는 사람이 죽으면 오우섬에 간다고 말하고 있다. 또한 오키나와본도의 동해안에 위치한 이게지마(伊計島)섬의 8월 시노구마츠리에서는 "쥐는 오우섬으로 뛰어가라"는 신요(神謠)를 부른다. 오우는 "아오노섬"을 말한다. 이것은 해충을 보내는 풍습을 기술한 것이다.

내가 미야고의 구리마지마(来間島)섬에서 본 해충보내기는 쥐, 지네, 메뚜기를 넣은 왕조개를 든 남자들이 바다의 산호초 구멍까지 헤엄쳐 가서 그 조개를 넣는 행사였다. 구메지마(久米島)섬 나가사또촌(仲里村)에서는 쥐나 메뚜기, 멸구는 벼의 해충이기 때문에 "산호초(珊瑚礁) 밖으로, 파도 밖으로" 내어 쫓고 니라이가나이에게 가두어 달라는 기원을 노래한다. 이렇게 보면 섬을 둘러싼 환초(環礁) 밖의 먼 바다는 이미 타계(他界)라고 보았다는 것을 알 수 있다. 근해의 작은 섬인 "아오노섬"에 장사한 죽은 자와 산 자의 거리가 매우 가깝던 시대에 산 자가 죽은 자에 대해서 갖는 친근감이나 경외감은 생생한 것이었다. 앞에서도(제5장) 언급한 것처럼 남도에서는 젊은 나이에 죽은 사람, 익사하거나 여행 중에 병사하거나 한 사람을 기가즌(怪我死)이라고 부르고, 죽은 영혼이 부활하는 것을 매우 두려워했다. 또 한편, 익사자를 에비스라고 부르며 풍어의 상징으로 환영한 경우도 있다는 것은 죽은 자를 수장(水葬)한 흔적일지도 모른다. 수장의 흔적은 산인지방(山陰地方)의 일본 해안에서 볼 수 있는데, 기슈(紀州) 다나베(田辺)에도 있고, 또한 미야고지마섬에서도 볼 수 있다.

아마미(奄美)나 미야고(宮古)에서 죽은 자가 가는 섬이라고 믿는 아로우섬이나, 아오(奥武)섬도 그와 같이 현세와 그렇게 먼 곳이 아니라고 생각하였다.

아마미오시마섬에서 오래 산 할아버지는 반대편 해안인 가게로마섬을 아로우섬이라고 부르고 있다고 한다(金久正談). 또한 가게로마섬 주민들은 사신들을 아롯츄라고 불렀다고 한다(登山修談). 츄는 남도어로 "사람"이기 때문에 "아로우인"이라는 말이 된다. 아로우에 대하여는 의미가 명확하지 않지만 다음에 기술할 아라가미(新神)와 아라가미(荒神)의 아라와 관련이 있다고 생각된다.

미야고지마섬의 스미야우타키(住屋ウタキ)의 신은 "니라이 내리고 아로우 밝은 참 주님"이라고 칭했다. 스미야우타키는 미야고지마섬의 히라라시

(平良市) 시가 중심부에 있다. 또한 미야고지마섬에 전해지는 신요(神謠)의 한 절에 "니라이섬에 내려오시고, 아로우섬에 내려오시고, 니이라태양 앞에 아로우태양 앞에"라는 대구(對句)가 있다. 니이라섬, 아로우섬은 내세이고, 니이라태양, 아로우태양은 죽은 자를 심판하는 명부(冥府)의 왕이다. 이 죽은 자의 세계도 전승에서는 히라라시(平良市)에 존재한다.

미야고지마섬의 가리마다(狩俣)에서는 타인의 욕에 의한 해를 막기 위한 야나후츠바라이라는 의식을 행한다. 이 때, 향(香)을 분향하고 잡어를 바치고 기도하는 신방위(申方位 : 西南西)를 아라츠쿠라고 부르고 있다. 그곳은 해충퇴치식을 행하는 장소이기도 했다. 아라츠쿠는 아로우스쿠에 유래하는 단어라고 생각된다.

또한 야에야마제도(八重山諸島) 가운데서도 이시가키지마(石垣島)섬이나 다게도미지마(竹富島)섬에서 떨어져 있기 때문에 파나리(離島)라고 부르는 아라구스쿠지마(新城島)섬은 아로우스쿠가 아라구스쿠로 변한 것일지도 모른다.

"아오노섬"도 "아로우섬"도 가까이 있는 타계(他界)였다. 생활영역이 좁던 시대일수록 현세와 타계가 가까이 있었다고 해도 이상하지 않다.

그렇다면 죽은 자는 어떤 생활을 하였을까. 내가 미야고의 오가미지마(大神島)섬이나 이게마시마섬에서 들은 바, 죽은 자가 사는 세계는 "가마노유(피안의 세계)"라고 부르고, 향불과 같은 작은 등을 켜서 살아가고 있다. 또한 야에야마에서는 죽으면 사후섬(산호섬), 즉 돌섬에 가서 해안의 암석에서 자라는 작은 풀을 사자가 먹었다고 기샤바 에이준(喜舎場永珣)은 말한다. 오키나와에서는 묘지를 요우도레라고 한다. 요우도레는 저녁바람이 잔잔해 지는 상태이다. 공통적으로 말할 수 있는 것은 죽은 자의 섬이 황량하고 결코 밝지 않다는 것이다. 아마도 "아오노섬"나 "아로우섬"의 죽은 자의 세계도 그러했다고 생각된다.

이와는 반대로 바다의 타계인 니라이가나이는 멀리 있는 장소라고 생각했던 흔적이 있다. 구다가지마(久高島)섬에서는 육지가 보이지 않는 바다 가운데를 니라이가나이라고 부르고 있다(仲松弥秀談). 야에야마섬에서는 니라 · 곤첸마는 우물 바닥에 있는 벌레들을 가리킨다(宮良当壮[八重山語彙]). 이게마지마섬에서는 줄낚시를 하는 다랑어선이 예상치 못한 깊은 바다에 끼었을 때, 그곳을 닛쟈스쿠라고 한다(前泊徳正談). 또한 미야고에서는 닛쟈를 땅바닥이라고도 한다.

아오(靑)신과 해신

이처럼 "아오노섬"이나 "아로우섬"은 니라이가나이와는 다른 세계로 상정된 것이다.

그런데 오키나와본도 북부의 오기미촌(大宜味村) 샤나구수쿠(謝名城)나 기지요카(喜如嘉)의 해신제에서 부르는 송신(送神)의 노래에는 "마야신"의 대어(對語)로서 "아오노신"이 등장한다. 마야신은 마요(眞世)의 신이라도 부르는데, 니라이가나이로부터 온 원래신(猿來神)으로 야에야마의 마윤가나시도 그 중의 하나이다. 앞서 기술한 바와 같이 미야고의 신가(神歌)에서는 니라이태양과 아로우태양이 병기되어 있다. 이것은 아오노섬과 아로우섬이 본래의 위치를 상실하고, 니라이가나이와 똑같이 생각했다는 것을 의미한다.

그 원인은 두 가지로 나눌 수 있다. 하나는 가까운 작은 섬에 사체를 버리는 풍습이 사라졌기 때문이고, 다른 하나는 불교용어의 영향을 받아서 죽은 자가 가는 세계, 즉 내세를 구쇼우(後生)라고 부르게 되었기 때문이다. 이렇게 시간적 타계 관념은 남아있으나, 공간적 타계 관념은 바다 저편의 니라이가나이에서 나왔다. 그러므로 아오노섬이 제1차적 타계라고 한다면 니라이가나이는 제2차적 타계라는 말이 된다. 그래서 아오노신도 니라이가나이신과 동일시되기에 이르렀다.

니라이가나이신은 "유(世 : 풍년, 풍작)"를 가져오고, 조상령은 다음 생으로부터 시간을 정하여 내방한다는 이분법적 사고가 자리잡게 되었다.

타계 관념이 발전되면서 산 자의 세계에 가까이 있던 신과 조상령의 나라는 더욱 먼 바다 저편으로 미화하여 투영된다. 그러나 "아오노섬"의 존재가 잊혀진 것은 아니었다.

에도시대 초기의 정토종 승려 다이주우(袋中)의 [류규신도기(琉球神道記)]에 의하면 긴마몬(君眞物)이라는 해신은 바다 속을 궁으로 삼고, 매월 출현하여 탁선(託宣)을 한다고 기록되어 있다. 해신의 긴마몬이 구메지마(久米島)섬의 오우(奥武)라는 작은 섬에 상륙한 것을 노래한 시가 [오모로사우]권21에 실려 있지만, 이 노래에 대하여 이하 후유(伊波普猷)는 "니라이가나이신이 일단 오우를 잠시 머무르는 곳으로 하고, 본토에 상륙한 것은 정사(正史)에도 나타나고 있다"고 기술하고 있다(琉球史叢書[琉球国由来記]解說).

이하가 말하는 "정사"란 잡지 [규요(球陽)]를 말하는 것이고, 거기에 "해코지신은 해신이라"고 하고, "반드시 오우(奥)에서 출현한다. 그러므로 오우공사(奥公事)라고 이른다"라고 주석을 달고 있다.

[규요]의 "해코지신"은 [류규신도기]에서는 "아라가미(新神)"라고 표기되어 있다. 나는 이것은 아로우신을 나타내는 차자(借字)라고 해석한다. 아로우섬, 아로우인, 아로우신 등의 단어는 수리왕부(首里王府) 주변에서는 사어화(死語化)되어 있고, 미야고나 아마미 외에는 남아 있지 않았다. 그런데 해신인 아라가미(新神)와 아라가미(荒神)의 아라는 아로우신을 말한

다. 니라이가나이신의 긴마몬(君眞物)인 아로우신이 오키나와본도에 상륙하기 전에 반드시 가까운 작은 섬인 오우섬(아오노섬)에 들렸다는 사실은 조상령이 아오노섬에 살고 있던 시대의 기억을 없앨 수가 없었기 때문이라고 생각한다.

니라이가나이는 원래 아오노섬, 아로우섬을 중심으로 한 죽은 자의 세계가 후대에 확대된 것이다. 신의 섬이라는 것만 강조되면서 조상령의 섬이라는 이미지는 희박하게 되었지만, 야에야마의 니르스쿠나 아마미의 니르야에서는 조상령이라고도 신이라고도 할 수 없는 존재로 상정되어 옛 민속에 남아 있다.

둔치(渚)에서

바다 저편에 대한 생각은 고대나 오키나와를 불문하고 일본인의 피 속에 깊이 흐르고 있다. 그것은 바다 둔치에서 가장 명확하게 확인할 수 있다. [일본서기]에는 "바다 속에 스스로 우마시오바마(可怜小汀)가 있다"라고 기록되어 있는데, 내세의 아름답고 작은 해변과 이 세상의 둔치가 대비되고 있다. 둔치는 내세의 파도가 밀려오는 곳이었다.

[단고국풍토기(丹後国風土記)]에는 우라시마(浦島)의 아들이 해신의 딸에게 불러 준 노래가 있다.

> 아들들을 사랑하고 아침 문을 열고 내가 있으니
> 저 세상 해변의 파도소리 듣는다

우라시마다로(浦島太郎)를 섬기는 우라신사(宇良神社)가 있는 단고의 혼쇼하마(本庄浜)에는 츠즈가와(筒川)라는 작은 천이 도코요하마(常世浜)라는 해안으로 흘러들어가고 있다. 저 세상의 둔치로부터 이 세상의 둔치로 밀려오는 파도소리를 우라시마의 아이가 들었던 것이다.

오키나와본도의 서해안 북부에 있는 오기미촌(大宜味村)의 기지요카(喜如嘉)에서 행하는 해신제에서는

니레 파도여 쳐오는구나
포구 파도여 차오르구나

라는 노래를 부르고 있다. 니레 파도는 니라이가나이로부터 해변으로 밀려오는 파도물이며 저 세상의 풍랑과 같다.

츠루가(敦賀) 다치이시반도(立石半島)의 구츠(沓)마을에 사는 할머니에게 다이쇼(大正)시대의 이야기를 들은 적이 있다. 임산부가 40일이 지난 후에 바닷가 둔치 가까운 곳에 만든 산실(産室)을 나와 자기 집으로 돌아갈 때에는 반드시 속치마 하나만 입고 둔치에서 머리부터 파도를 뒤집어써야 한다. 파도가 없을 때는 한 번에 바다로 들어가서 바닷물을 머리에 뒤집어써야 한다. 눈이 오는 추운 때는 먼저 얼굴 씻는 대야에 따듯한 물을 넣고 속옷을 적신 다음에 그것을 입고 바다로 들어간다. 이러한 행위는 출산의 부정(不淨)을 깨끗하게 씻는 의미를 갖는다. 그러나 원래는 저 세상의 풍랑에 몸을 맡기는 행위였다고 생각된다.

고대에서 탄생은 내세에 살던 조상이 다시 현세에 태어나는 것이었다. 그래서 산실은 둔치 가까이 만들 필요가 있었다. 묘지 또한 둔치 옆에 조성하는 경우가 많았다. 둔치는 내세에 가장 가까운 장소이기 때문이다.

둔치에는 여러 가지가 흘러 들어온다. 특히 나무가 귀한 물건이었다. 도

카라열도(鹿児島郡十島村)의 고다가라지마(小宝島)에서는 모두 흘러온 나무로 집 15채와 학교를 지었다고 한다(桜田勝徳[海の宗教]).

[가이기츠단(懷橘談)]에서 소개하는 기사에 의하면, 1110년에 큰 나무가 일본해로부터 이즈모(出雲)의 이나사하마(稲佐浜)해변으로 떠내려 왔다. 신탁(神託)이 있었기 때문에 이것을 떠내려 온 나무(寄木)선물이라고 불렀다.

나는 후쿠시마현(福島県) 북부에 위치한 이이도요(飯豊)라는 해안촌에서 그 기목으로 세웠다는 요리기신사(寄木神社)를 본적이 있다. 가고시마현(鹿児島県)의 가세다시(加世田市)의 작은 항구에는 요리기하치만규(寄木八番宮)가 있다. 우사신사(宇佐神社)는 흘러온 영목(靈木)을 섬긴 것이라는 유래를 가지고 있다. 후세에 해안에 떠내려 온 나무를 기목신(寄木神)이라고 하며 모신 것이리라. 기목신의 옛이야기는 [유노설전(遺老説伝)]을 비롯하여 오키노에라부지마(沖永良部島)섬 등에도 있지만 그 이야기에는 용궁신이 관련되어 있다. 그 바탕에는 흘러온 나무는 용궁, 더 나가서 니라이가나이신의 선물이라는 생각이 자리 잡고 있다.

천연두(天然痘)신도 마레비토

내세는 만물의 발생지이기 때문에 불이나 벼와 같이 인간에게 꼭 필요한 모든 것들이 거기서 온다고 생각하였다. 옛날 아마미오시마섬의 야마토하마(大和浜)해변에 50미터나 되는 고래가 가까이 왔는데, 그 고래는 옷이 입혀져 있고 "네리야로부터 아야토해변의 어미 노로에게" 라는 도장이 허리 뱃살에 찍혀 있었다. 고래 뱃속에는 벼가 많이 있었다. 그것만이 아니라 인간에게 해를 주는 것들, 벼를 난폭하게 먹는 쥐나 메뚜기 그리고 벼룩와 같은 모든 것이 내세에서 온 것이라고 생각되었다. 오키나와에서는 벼룩이 니라이가나이로부터 보리짚으로 짠 배를 타고 찾아온다는 이야기가 있다.

아와지시마(淡路島)에서는 역병신(疫病神 : 전염병신)을 인형으로 만들어 그것을 작은 나무배에 태워서 바다에 흘려보내는 습관이 있었다. 이것은 천연두와 같은 전염병도 바다 저편인 내세에서 온다고 믿었다는 사실을 말해준다. 천연두신도 내세로부터 온 마레비토인 것이다.

와가세(若瀨) 고하마(小浜)의 유복한 주조업자인 기자키 데기소(木崎惕窓)의 [슈수이잡화(拾推雜話)]는 에이로쿠(永禄 : 1558-1570)시대에 일어난 사건으로 다음과 같은 이야기를 기록하고 있다. 작은 해변의 어느 선주(船主) 집에 한 낯선 노인이 찾아와서 얼마간 투숙했는데, 떠날 때 자기가 천연두(天然痘)신이라고 신분을 밝히고, 신세를 진 보답으로 가족의 천연두(天然痘)를 가볍게 끝나도록 돌보아 주겠다고 말했다. 그래서 그 때 본 천연두신의 모습을 그린 화상을 모시고, 복을 주는 신으로 숭배하였다고 한다. 옛날에 천연두는 반드시 한 번은 걸리는 병이기 때문에 가능하면 가볍게 끝나기를 기원하였다.

오키나와에서는 천연두(天然痘)에 걸리는 것을 "깨끗한 부스럼 부탁" 혹은 "깨끗한 부스럼 소원"이라고 불렀다. "깨끗한(淸)"을 붙인 것은 그것이 바다 저편의 니라이가나이에서 온 병이라는 사실을 알려준다. 거기에다 추한 얼굴이 되지 않게 해달라는 기원을 담은 것이다.

기사바 조겐(喜舍場朝賢)의 [도데이수필(東汀隨筆)]에 의하면, 류규에서는 1851년에 종두(種痘)를 피부에 주사하는 종두법이 처음 알려졌다고 한다. 그러나 천연두가 심할 때는 그렇게 해도 죽는 사람이 나왔다. 그래서 사츠마에서는 우두(牛痘)를 사용하는 종두법을 이용하였다.

히가 슌죠(比嘉春潮)의 [오나가쿠사담(翁長舊事談)]에 의하면, 메이지시대 이전에 류규에서는 13년마다 류규 의사가 중국의 복건성(福建省)]과 사츠마(薩摩)로부터 우두(痘苗)를 얻어 와서 일부러 유행시켰다고 한다. 천연두 환자 가운데 건강하고 가벼운 병에 걸린 사람을 찾아서 그의 부스럼을 분말로 만든 다음 대나무관으로 아이의 콧구멍에 불어넣는다. 그러면 수일 후에 발병하였는데, 같은 방법을 두세 번 계속하면 수리(首里), 나하(那覇)에서부터 시골로 자연스럽게 전염되었다고 한다.

이와 같은 배경 이야기를 알면 다음과 같은 류규 노래에 있는 기묘한 내용을 이해할 수 있다.

노래와 사미센 소리에 뛰놀며 깨끗한 부스럼 맞으니 어찌 즐겁지 않으리

이것은 "노래나 사미센(三味線)에 끌려서 춤추기도 하고 뛰기도 하면서 천연두신을 대항하며 노는 것은 즐겁다"라는 의미이다.

"여기에서 깨끗한 부스럼"은 천연두신을 가리킨다. 또한

금년에 께끗한 부스럼이 단지 세 개만 났으니, 위아래를 보아도 신의 은혜라

이것은 "금년 천연두는 다만 세 개의 부스럼이 난 것으로 가볍게 끝났다. 이것도 천연두신의 덕분이니 모두가 절하며 감사한다"라는 의미이다. 류규 노래 가운데는 천연두 노래만을 모은 책자가 있을 정도이니, 오키나와인의 천연두에 대한 높은 관심을 보여준다. 오키나와 본도의 동해안에 위치한 이게지마(伊計島)섬에서는 천연두신을 맞이하는 숙소를 정하고, 밤을 지키며 천연두신을 대접하고, 병이 가볍게 끝나기를 기원하고, 유행병이 지나가면 가까운 해변에 돼지머리를 바치고 천연두신을 보냈다고 한다.

제7장

신을 운반하는 바닷길

세키잔명신(赤山明神)

가네세키 다게오(金関丈夫)의 [발굴에서 추리한다]에 의하면, 다네가시마(種子島) 히로다(広田)유적 발굴의 결과, 야요이(弥生)시대 전기 말과 후기에 두 번 정도 중국대륙과의 교류가 이루어졌다는 것을 추정할 수 있다고 한다. 야요이시대 전기 말에는 강남의 초(楚)나라 문화가 유입되고, 서기 3세기 초에는 중국 삼국시대의 오(吳)나라 문화가 유입되었을 것이라고 한다. 한편 제주도와 중국 강남의 교류가 고대부터 있었다는 사실은 이미 [오지(吳志)]에서 알 수 있다. 야마다이국(邪馬台国)의 히미코(卑弥呼)가 산 시대와 거의 같은 시기에 제주도 사람들이 양자강 남쪽의 절강성(浙江省) 회계(會稽)에까지 가서 옷을 팔았다고 한다. 또한 중국인들도 회계에서부터 항해하기도 하고, 표류하기도 하며 제주도까지 도착하는 경우가 있었다고 한다. 먼 시대의 먼 이야기이지만, 동지나해(東シナ海)를 자기네 호수와 같이 잘 알고 다녔던 일본, 류규, 조선, 중국의 보통 사람들의 모습이 눈에 떠오른다. 바다는 태고 때부터 교류의 길이었다.

사실, 고우도열도(五島列島)와 양자강의 입구까지 동지나해를 횡단하는데 범선을 타도 긴 시간이 걸리지 않았던 것 같다.

유당사(遺唐使) 일행에 끼어서 입당(入唐)을 시도한 승려 엔닌(円仁 : 慈

覺大師)이 고우도열도의 북단에 있는 우구지마(宇久島)섬을 출발한 것은 838년 6월 23일의 일이었는데, 7월 2일에는 양자강 하구에 도착해 있었다. 귀국은 10년 후인 847년 9월 2일 정오, 산동성 세키잔항구를 출발해 정 동쪽을 향하여 가면, 9월 3일 아침에는 벌써 조선반도 서남쪽에 있는 산을 볼 수 있었다. 이렇게 단시간에 양쪽을 왕래할 수 있었기 때문에 권력과 관련이 없는 사람들과는 얼마든지 자유롭게 마음대로 교류할 수 있었다고 생각된다. 엔닌이 남긴 수기인 [입당구법순례행기(入唐求法巡禮行記)]에 보면 중국대륙 해안지역에서 신라인들이 종횡으로 활약하고 있는 것을 알 수 있다. 엔닌도 산동반도의 세키잔(赤山)에 근거지를 가진 신라의 수령인 장보고(張寶高)가 세운 세키잔 법화원에서 8개월간 체류한 적이 있다. 엔닌은 신라 거류민들의 특별한 도움을 받아서 귀국할 수 있었기 때문에 세키잔명신을 모시고 싶었다.

세키잔명신은 엔랴구지(延曆寺)절의 별원인 세키잔 선원(禪院)에 모셔져 있다. 세키잔명신의 실체는 명확하지 않다. 엔랴구지 절에는 태산부군(泰山府君)도 봉재 되었는데, 양자는 이명동체(異名同體)라는 설이 있다. 또한 신라인의 신이라고 생각할 수도 있을 것이다. 아무튼 엔닌이 스스로 중국에서 모셔온 신이라는 사실은 틀림이 없다. 나는 지금부터 40년전 엔닌과 관련이 깊은 히에이잔(比叡山) 옆 냇가를 방문하였을 때, 세키잔명신의 산당이 길옆에 모셔져 있는 것을 확인하고 감개무량했던 적이 있다.

한편, 온죠지(園城寺 : 三井寺)절를 재건한 엔진(円珍 : 智証大師)은 853년부터 858년까지 입당하여 수행했는데, 귀국 선상에서 노인이 나타나 신라명신(明神)이라고 말하면서 미륵보살의 세상이 올 때까지 엔진을 지켜주겠다고 약속했다고 하여 온죠지 절의 수호신으로 모시게 되었다. 세키잔명신을 모셔온 내력과 비슷한 취향인데, 신라명신은 온죠지절 건립 전에, 오우미(近江)에 거주하는 오도모노수구리(大友村主)등 도래(渡來) 한국인 씨족들이 봉재(奉齋)한 신이고, 그것을 자기 씨족들의 절인 온죠지의 수호신으로 한 것이라고 생각된다. 그렇다고 해도, 신라명신을 도래 한국인들만 숭배한 것은 아니다. 겐지(源氏)의 존숭이 깊고, 미나도모노요리요시(源頼義)의 삼남은 신라명신 앞에서 성인식을 치루고 신라산로(新羅三郎)라고 명명(命名)하였다. 세키잔명신도 태산부군(泰山府君)은 상업을 돕는 가게요세신(懸寄神)이라고 불리며 많은 현금을 모으고, 신봉되었기 때문에 외래의 신도 일본에서는 시대에 따라 내용이 변모되었던 것이다.

이 외에 도래 한국인 유력자를 신으로 모시는 경우도 있었다. 몇 가지 실례를 다음에서 보자.

도래 한국인의 신들

선사시대부터 현해탄을 넘어온 도래인들에 의하여 일본과 가장 깊은 관계를 가진 조선반도에서 많은 문물들이 전해졌다.

고사기와 일본서기, 풍토기를 열어보면 눈이 닿는 곳마다 수많은 도래 한국인의 발걸음 소리가 들린다. 예를 들어 오우진천황(応神天皇) 40년(309)에 궁월군(弓月君)이 백제로부터 120명을 데리고 귀화하였다고 [일본서기]에 기록되어 있다. 이것을 있는 그대로 믿을 수는 없다고 해도 계속하여 조선반도에서 도래인들이 집단으로 넘어 온 정황을 전해주고 있다.

도래인은 자기들의 믿는 신을 가지고 왔다. 근대에 들어서 부산항로가 가장 빈번히 열린 시모노세키시(下関市) 도요우라(豊浦)에 있는 나가도노이치노미야(長門一の宮)의 이미노미야신사(忌宮神社)에서는 매년 8월 7일부터 13일까지 한 주 동안 수호데이(数方庭 : 数法庭)마츠리가 행해진다.

마츠리는 참가자가 각각 장대 깃발을 세우는데 깃발은 하얀 천으로 만들고, 일단(一反 : 약23미터)을 이건(二巾 : 약70센티미터)으로 꿰매고 장대 깃발의 끝은 새 깃털을 꽂고 작은 깃발과 방울을 단다. 작은 깃발은 적색, 청색, 황색이다(「官国弊社特殊神事調」). 마츠리의 유래는 진구우황후(神功皇后)의 신라정벌과 관련이 있다고 하지만, 그것은 말도 안 되는 망설(妄說)이고 수호데이라는 말은 조선의 "소도(蘇塗)"라는 말에서 유래했다는 주장이 가장 설득력이 있다. "소도"라는 이름은 [왜지동의전(倭志東夷傳)]의 마한 장에 나온다. "큰 나무를 세우고 방울과 장구를 들고 귀신을 맞이한다" 라고 기록되어 있다. 오늘날에도 한국 동네입구에는 새 조각을 꽂은 긴 장대를 세운 광경을 볼 수 있다. 이것을 솟대 혹은 솔대라고 부르며 조간(鳥竿)이라고 쓴다. 새는 기러기나 오리를 조각한 것으로 동네를 침입하는 사악한 귀신을 감시하는 역할을 한다. 이미노미야신사(忌宮神社)의 수호데이(数方庭)마츠리에서 장대 깃발 끝에 새 깃털을 꽂고 방울을 다는 것은 조선마을의 풍습을 보는 듯한 것이다.

이즈미히라노(和泉平野)의 야요이 유적에서 목제로 만든 새 조각이 여러 개 발견되었는데, 모두 장대 끝에 꽂을 수 있도록 새 몸에 구멍을 뚫어 놓았다. 새 모양의 나무 조각은 분명히 장대 끝에 붙여서 조선에서 온 도래인 마을 입구에 세워졌던 것이다.

이시가와현(石川県) 가시마군(鹿島郡) 나가지마쵸(中島町) 미야마에(宮前)에 봉재한 구마가부도아라가시히고신사(久麻加夫都阿良加志比古神社)는 아라가시히고신(阿良加志比古神)과 츠누가노아라시도를 봉재하고 있다. 오우가라국(意富加羅國) 왕자인 츠누가노아라시도가 바다에서 활을 쏘아 구마기가와(熊木川)천을 거슬러 올라가 궁성을 정했다는 전승이 있다. [와묘쇼(和名抄)]에는 그곳이 노도군 구마기사도(能登郡熊來郷)에 포함되어 있다.

[만엽집]권16에 "하시다데의 구마기에서 신라 도끼를 떨어뜨리고 말았다(梯立の熊来のやらに　新羅斧落とし入れ)"고 기록되어 있다. 여기서는 신라라는 이름이 나오고 있고, 구마기(熊來 : 곰의 도래)의 곰은 고마(高麗)와 통한다. 고려는 고구려를 말한다. 분명히 구마가부도아라가시히고신사(久麻加夫都阿良加志比古神社)도 도래인의 조상묘(廟)였는데, [엔기시키(延喜式)]의 신명부(神名帳)에는 하구이군(羽咋郡)에 봉재된 것으로 나와 있고, 그 소재지에 대해서는 여러 설이 있다. 노도국(能登国)의 시기나이사(式內社 : 관사)에는 이외에도 가부토히고신사(加夫刀比古神社), 미마나히고신사(美麻奈比古神社), 미마나히메신사(美麻奈比咩神社), 아라시히고신사(荒石比古神社)가 있는데, [지명사전]은 모두 도래인의 조상묘라고 기술하고 있다.

도래 한국인들의 족적은 관동지방에도 보인다.

[속일본기] 몬무천황(文武天皇) 다이호(大宝) 3년(703년) 4월 조항에 "종5위하의 관직에 있는 고려의 약광(若光)에게 고기시(王)의 성을 하사하다"라고 기록되어 있다. 그 외에 [일본서기]에도 덴지천황(天智天皇) 5년(666년) 10월 조항에 고려로부터 현무약광(玄武若光) 등을 사신으로 파견했다고 되어 있다. 덴지천황 5년은 고구려가 멸망하기 2년 전이다. 이 약광이 앞서 언급한 사람과 같은 인물인지는 확실하지 않다. 레이기(霊亀) 2년(716년)에는 무사시국(武蔵国)에 고려군(高麗郡)이 신설되었다. 고구려에서 온 도래인 집단의 수장이 약광이었다.

이 약광은 고려군에 이주하기 전에 사가미국(相模国) 오이소(大磯)에 살았다는 전승이 있다. 오이소에는 고려산이라는 지명이 남아있고, 또한 다가구신사(高來神社)에 속한 사당에는 고려왕 약광을 제신(祭神)으로 섬기고 있다. 다가구신사는 분명 고려신사의 호칭을 바꾼 것이다. 이 신사에서 해를 넘기며 행하는 여름 대제(大祭)로 수부(水夫)들이 외우는 축가에 이런 내용이 있다. "바다가 약간 시끄러워서 모든 포구 사람들이 궁금하여 먼 바다를 바라보니 당선(唐船) 하나가 여덟 돛을 세우고···· 그 배 안에서 노인 한 사람이 나와 갑판 위에 서서 목소리 높여서, 여러분 이것을 잘 들으시오. 우리는 일본사람이 아니고, 당토(唐土)의 고려국 수호자이지만, 험악한 나라를 피하여 대일본에 뜻을 두고 여러분에게 귀의하는 자들이 되어 오이소포구(大磯浦口)의 수호자가 되어 자손번창하도록 할 것이다."

이 노인이 약광이었던 것이다. 이런 노래가 오늘날까지 계속 불리고 있는 사실이 이상하다고 생각된다. 그리고 무사시국(武蔵国)의 고려마을(高麗鄕)에 본거지를 둔 약광의 자손이 대대로 고려씨(高麗氏)를 사용하며 가마구라막부(鎌倉幕府)의 집권자인 호죠 야스도키(北条泰時 : 1224-1242) 때까지는 친족이나 중신들만 친척관계를 맺고 있었다는 것이 고려신사전래의 족보에 명기되어 있고, 고려본향 일대의 귀화인들 사이에 고려씨의 혈통을 지속시켜왔다는 것이 분명하다. 이 족보는 1259년 화재로 타버렸지만, 그 때 일족과 신하 등 고려족 여러 사람들이 모여서 여러 가정의 고기록을 조사하여 고려씨 족보를 새로 기록하여 남기도록 하였다고 쓰여 있는 것을 보면 가마구라시대(鎌倉時代) 중기까지는 동족의식이 매우 강했다는 것을 알 수 있다.

1970년, 나는 고려본향을 방문하여 고려신사의 고마 아기츠(高麗明律) 궁사(宮司 : 사제)를 만났다. 58대 째라고 말하는 아기츠 궁사는 당시 77세의 고령이었으나, 그 온화한 얼굴에서 조선의 피가 흐르고 있음을 알 수 있었다. 그 가운데 10대는 형제가 계승하였기 때문에 사실은 48대째라는 설명이었지만, 약광이 이 땅에 이주하였다고 생각되는 나라시대 초기부터 면면히 계속되는 가계(家系)에 경탄할 수밖에 없었다.

고려본향의 입구에는 천하대장군, 지하여장군이라고 부르는 제액을 위한 장승과 약광의 묘지라는 조선식 다중탑이 있고, 부근에 고려천이 흐르고 있어서 일본 가운데 있는 조선특별구라는 느낌이 들었다.

천일창(天日槍)과 그의 처

조선에서 온 도래인 집단 가운데 고사기와 일본서기에 가장 많이 등장하는 인물은 천일창(天日槍 : 天之日矛, 天日桙)일 것이다. [일본서기]의 기술에 의하면, 천일창은 츠누가노아라시도와 같은 인물이라고 지목된다.

[치구젠국풍토기(筑前国風土記)]에는 "고려국의 의여산(意呂山)에 하늘에서 내려온 일모(日桙)의 후예, 이도데(五十跡手), 이 사람이다"라고 기록되어 있다. 의여산은 한국 울산에 있다. 의여라는 것은 샘물을 의미한다고 한다. [일본서기]에 의하면 이도데는 "이도현주(伊覩縣主)의 조상"이라고 한다. 이렇게 천일창의 후예라고 칭하는 인물이 이도국(伊都國)에 살았다는 전승은 천일창의 상륙지가 이도시마사반도(糸島半島)였다는 사실을 알려준다.

츠누가노아라시도는 그 후에 일본해를 떠나서 이즈모(出雲)에서 츠루가(敦賀)로 이동한다. 천일창은 세도나이가이(瀨戸內海)해를 동점(東漸)하려고 했고, 일본해에서 하리마(播磨)의 서부로 남하했다는 설도 있어서 그 발자취를 명확하게 찾는 일은 쉽지 않지만 천일창 처의 자취는 어느 정도 확실하다.

[고사기]는 천일창의 처가 남편과 다투고 나서 일본으로 도망하였고, 후에 난바(難波)에 정착하여 히메고소신사(比売碁曾神社)의 아가루히메신(阿加流比売神)이 되었다고 전한다. [일본서기]에는 츠누가아라시도(都怒我阿羅斯等)의 처가 된 것으로 나오고, 똑같이 일본국에 온 다음에는 난바의

히메고소신사의 신이 되었고, 또 부젠국(豊前国) 구니사기군(国前郡)의 히메고소신사(比売語曾神社)의 신이 되어 두 곳에 봉재(奉齋)되어 있다고 기록되어 있다.

후쿠오카현(福岡県) 이도시마군(糸島郡)의 마에하라죠(前原町) 다가스(高祖)에는 다가스신사(高祖神社)가 있다. 원래는 다고소신사(高磯神社)라고 불리고, 천일창의 처를 모셨다고 한다. 또한 오이타현(大分県) 히메지마(姫島)에는 히메고소신사(比売語曾神祠)가 외롭게 세워져 있다. [셋츠국풍토기(摂津国風土記)]의 기록에 의하면 천일창의 처는 오이타현(大分県) 히메시마에 있어도 여전히 남편 천일창이 쫓아 올 것 같은 느낌이 들어서 셋츠 히메지마(比売島)의 마츠바라(松原)로 피하여 거기에 정착하였다고 한다. 오사카시(大阪市) 니시요도가와구(西淀川区) 히메지마죠(姫島)에 히메지마신사(姫島神社)가 있다. 적색 칠을 한 화려한 신사이다. 그런데 그곳을 왕년의 히메지마(比売島)라고 단정하기는 어렵다. 오사카시 히가시나리구(東成区) 히가시오바세미나미노마치(東小橋南之町)에도 히메고소신사(比売許曾神社)가 있다. 또한 오사카시 히가시스미요시구(東住吉区) 히라노산주부죠(平野三十歩町)에도 아가루히메노미고도신사(赤留比売命神社)가 진좌(鎮坐 : 설치)되어 있다.

한편 천일창은 [하리마국풍토기(播磨国風土記)]에 등장하는데, 아시하라시고오노미고도(葦原志挙乎命) 혹은 이와노오가미(伊和大神)와 격렬한 투쟁을 계속한다. [일본서기]에 의하면, 그 후에 천일창은 우지가와(宇治川)천을 거슬러 올라가 북방의 오미국(近江国) 아나읍(吾名邑)에 들어가 잠시 머물렀다. 또 오미(近江)에서 와가사국(若狭国)을 경유하여 다지마국(但馬国)에 이르러 정착하였다. 오미국의 가가미촌(鏡山村) 계곡에 사는 도예인들은 천일창의 부하들이라고 전해지고 있다.

[지명사서(地名辭書)]는 아나읍(吾名邑)을 가모군(蒲生郡) 나무라(苗村)

에 있는 나무라신사(長寸神社) 부근이라고 한다. 나무라(苗村) 서쪽은 가가미야마(鏡山)에 접해 있다. 가가미야마의 동쪽 산록의 가가미 계곡은 천일창의 부하들이 살던 곳이라고 한다. 가가미야마 땅은 원래 스에촌(須恵村), 즉 도예인의 거주지를 암시하는 지역이름이기도 했다. 여기에는 지금도 가가미신사(鏡神社)가 있고, 옛날의 유래를 전하고 있다. 그리고 가까운 야스군(野州郡) 야스쬬(野州町)의 고시노하라(小篠原)에서 두 번에 걸쳐 대량의 동탁(銅鐸 : 종)이 출토된 것은 유명하다.

[일본서기] 수이닌천황(垂仁天皇) 3년(기원전 26) 조항에 의하면, 천일창은 다지마국(但馬国) 이즈시(出石)에 정착한 뒤, 그곳 호족 딸과 혼인하여 자손들을 번성시켰다고 한다. 천일창은 먼저 이도시마반도에 상륙하고, 거기서부터 일본열도 동쪽으로 이동하여 다지마에 정착하였다.

천일창은 고려의 의여산 부근에서 내려왔다고 한다. 그것이 신라의 울산(蔚山)을 가리킨다는 것은 이미 언급하였는데, 옛날부터 울산에 있던 달천(達川)의 철산(鐵山)은 변진제국(弁辰諸国) 가운데서도 가장 유명한 철산이고, 그곳이 신라의 수도 경주에서 가깝기도 하여 중요하게 여겼다고 문경현(文暻鉉)은 지적하고 있다. [위지동이전] 가운데 진한 장에는 "나라는 철을 낸다. 한(韓), 예(濊), 왜(倭)는 모두 마음대로 이것을 취한다. 여러 장사꾼들이 모두 철을 판다. 중국에서 철을 팔듯이"라는 구절이 등장한다.

신라에 지지 않을 만큼, 김해지방도 유명한 사철(砂鐵)산지였다. 김정학(金廷鶴)은 "낙랑군(후에 대방군)의 중요한 무역품이었던 철과 일본의 야마토(大和)국가 통일의 원동력으로 여겨지는 철재와 철기는 변한의 땅, 즉 가라에서 공급되었을 가능성이 많다"고 말한다([한국의 고고학]).

그러나 천일창이라는 이름은 많은 사람들이 지적하듯이 중국이나 조선 이름에는 적합하지 않은 일본명이다. [일본서기]에는 다음과 같은 기사가 있다.

"이시고리도메(石凝姥 : 거울을 만드는 신)에 의지하여 작업하고, 아마노가구야마(天香山)의 금을 깨서 거울을 만들게 하다. 또 사슴의 가죽을 벗겨서 아마노하부키(天羽鞴 : 풀무)를 만든다. 이것을 가지고 만드는 신은 여기 즉 기이국(紀伊国)에 좌정하신 히노구마신(日前神)이다."

이 기사를 보면 거울(日矛)이라는 것은 히노구마신사의 거울과 똑같이 동제(銅製)라는 것을 추측할 수 있다. [고어습유(古語拾遺)]에는 탁(鐸 : 방울)을 붙인 모(矛 : 창)라는 표현이 있는데, 야마토의 아나시촌(穴師村) 보주신사(兵主神社)에는 거울(日矛) 혹은 방울(鈴)을 단 창(矛)이 신체(神體)로 모셔져 있다. 이를 통해 천일창(天日矛)도 금속 제기(祭器)를 인격화한 것에 불과하다고 생각할 수 있다. 그 사적(事蹟)을 찾아볼 때, 하리마(播磨)에서도 오미(近江), 와가사(若狭), 다지마(但馬)에서도 금속과 관련이 있는 것을 알 수 있다.

예를 들면 천일창이 오미국에서 잠시 살았다는 아나읍(吾名邑)에 해당하는 아나고(阿那郷)는 후에 오기나가촌(息長村)이라고 불렸고, 오기나가 일족의 본거지였다. 천일창의 부하들이 살았다는 가가미다니(鏡谷) 근처인 미가미산록(三上山麓)의 미가미신사(御上神社)는 아마노미가게노미고도(天之御影之命)를 봉재하고 있지만, 그것은 아메노마히도츠노가미(天目一箇神)와 같은 신이고, 일본 대장장이의 조상신이라고 한다. 아마노미가게노미고도(天之御影之命)의 딸이 오기나가노미즈요리히메(息長水依比売)이기 때문에 분명히 오기나가씨와도 관계가 있는 것이다.

또한 오미국(近江国) 이가고군(伊香郡) 나카노고촌(中郷村)의 엔렌히고신사(鉛練比古神社)는 그 이름을 보면 금속과 관련이 있는데, 반 노부도모(伴信友)의 고증에 의하면 그 신사에 천일창을 모시고 있다고 한다. [오미이가고군지(近江伊香郡志)]에는 천일창이 나카노고촌에 머무르면서 사가구치고(坂口郷) 산을 가르고, 요고호(余呉湖)물을 빼서 4분의 1로 줄이고 논밭을 개척하여 요고쇼(余呉庄)라고 이름을 지었다는 전설이 기록되어 있다. 게사구전설(蹴裂伝説)이라고 불리는 이것은 철기를 사용하여 개간이나 개척을 했다는 사실을 암시하는 것이다. 천일창이 다지마의 기노사키(城崎), 도요오카(豊岡) 일대의 호수를 파려고 도고노오산(床之尾山)의 철로 만든 끌을 가지고 마루야마가와(円山川)의 좁은 입구를 열어 젖혔다는 전승도 있다.

천일창이라는 이름은 분명히 태양신앙과 관계가 있다. [고사기]에 의하면, 신라의 아구 늪(阿具沼)가에서 한 여자가 낮잠을 자고 있을 때, 햇빛에 감정(感精)을 받아 알을 낳았는데, 그 알의 화신(化身)이 천일창의 처였던 것이다. 이 이야기에는 일광감정설화(日光感精說話)와 난생설화(卵生說話)의 양쪽 요소가 보인다. 태양신의 처, 즉 해의 처로부터 태어난 아이가 일창의 처이다. 난바의 히메고소신사(比売碁曾神社)에 봉재되어 아카루히메(阿加流比売)라는 신 이름이 붙여진 것은 태양과 관계가 있기 때문일 것이다. 아가루히메(阿加流比売)가 시다데루히메(下照姫)와 이명동신(異名同神)이라는 설도 있다. 시다데루히메는 앞에서도 언급했지만 “데루(照)”라는 글자가 붙어있으므로 무녀라고 보아도 좋고, 일창의 처인 아가루히메(阿加流比売)도 무녀라고 보아도 문제가 없다.

천일창의 처는 이도시마사반도(糸島半島)에서 히메지마(姫島)로 이동하기 전에 후구오카현 다가와군(田川郡)의 가와라(香春)에 머물렀던 같다. 그곳에 신라의 신이 임했다는 것이 [부젠국풍토기(豊前国風土記)]에 기록되어 있다. 가와라 북쪽에 있는 채광소는 그 지명(地名)처럼 옛날부터 구리광산으로 알려져 있다. 또 가와라 가까이에 아카(赤)라는 촌락도 있다. [지명사전]에는 아카에 모셔진 하치만(八幡)신의 연기(緣起)록에 의하면 상고시대에 산봉우리가 진동하고 큰 소리가 났는데, 그 때 신령이 빨간 불빛을 내며 나타났기 때문에 기록되어 있다. “아카루노가미오카(明流の神岳)”라고 부르고, 그 마을을 아카무라(赤村)라고 호칭하였다고 기록되어 있다. 이것은 물론 소문에 불과하다. 오히려 “아카루히메(阿加流比売)”와의 관련을 생각해 보는 것이 자연스럽다.

원래 천일창(천일모)은 태양신의 제사에 쓰인 금속 제기(祭器)중의 하나인 창이었고, 그 창을 가지고 뛰며 강신(降神)하는 아가루히메(明姫)라고 불리는 무녀가 있었을 것이다. 이렇게 보면 천일창과 그 처 이야기는 태양신의 무녀이야기이며 동시에 조선반도로부터 전래된 청동기나 철기 생산에 오래 종사한 기술자들의 이야기라고 생각할 수 있는 것이다.

이렇게 고대에는 조선반도에서 온 도래인들에 의하여 신들이 제사되고 조상묘(廟)가 만들어졌는데, 무로마치(室町)시대에 와서는 조선이나 류큐와의 해상교통이 빈번하게 되어 일본의 신들이 바다를 건너 숭배되었다. 신숙주(申叔舟)의 [해동제국기(海東諸國記)](1471년)에 의하면, 조선국왕으로부터 무역허가를 받은 일본 배들이 방문한 조선 개항지들 중에는 경상도 부산포(富山浦 : 釜山)와 내이포(乃而浦 : 熊川薺浦)가 있었고, 거기에 염포(塩浦 : 蔚山)를 합쳐서 세 항구가 지정되었다. 15세기 중엽에는 세 항구에 모인 일본인이 2천명을 넘었고, 거류 일본인들이 10개를 넘는 사원이나 신사를 세웠다([續日本の地名]76페이지).

또한 다이주쇼닌(袋中上人)의 [류규신도기(琉球神道記)]에는 게이쵸(慶長 : 1596-1615) 때 류규에는 이미 여섯 개의 구마노곤겐(熊野権現 : 본지수적설에 의한 신칭호, 假現)과 한 개의 하치만대보살(八幡大菩薩)이 봉재되어 있었다고 기록되어 있다. 이런 신들은 언제, 누구에 의하여 일본본토로부터 조선에 전해진 것일까. 그것을 하치만대보살에 한정시켜 생각해 보고자 한다.

지명의 일치

오키나와 최초의 통일왕조인 다이이치쇼시(第一尚氏)의 근거지였던 오키나와본도의 동남부, 지넨반도(知念半島)의 뿌리인 사시키(佐敷)라는 지명(地名)은 사실 나의 고향인 구마모토현 미나마다시(水俣市) 북쪽에도 있다. 미나마다죠 오아자하마(大字浜)해변에 모신 하치만규(八幡宮)는 나의 씨신(氏神)이며 [일본의 지명]에서도 언급했듯이, 유소년 때에 신사를 참배하는 길에 미나모토노다메도모(源為朝)를 모신 작은 사당이 있는 것을 보고 지나친 적이 있다. 그곳은 에도시대에 하마무라(浜村)의 후나츠(舟津)라고 불린 어민촌락인데, [히고국지(肥後国志)]에 의하면 다메도모는 후나츠로부터 류규를 향하여 배를 띄웠다고 한다. 교구데이바긴(曲亭馬琴)도 [진세츠유미하리즈기(椿説弓張月)] 에서 이 삽화를 소개하고 있는데, 이 책의 말미에 다음과 같이 기록하고 있다.

> 히고(肥後)에는 사시키(佐敷)라고 부르는 동네가 있는데 미나마다(水俣)에서 4리 반이고, 야츠시로(八代)에서도 멀지 않다. 류규산난쇼(琉球山南省)에 또한 사시키라고 부르는 지역이 있다. 히고에 하마무라라는 어촌이 있는가 하면, 류규의 가츠렌(勝連)에도 또한 하마무라라고 부르는 동네가 있다.

히고의 하마무라는 미나마다의 오아자하마(大字浜)이다. 하치만규가 있는 후나츠가 그 중에 포함된다. 류규의 가츠렌에 하마무라가 있는 것이 [쥬우잔전신록(中山伝信録)]제4권에 보인다. 이것은 지금의 하마히가지마(浜比嘉島)섬이다. 나의 고향인 미나마다 해변이나 가까운 곳인 사시키와 같은 지명이 다이이치쇼시(第一尚氏)의 근거지에서도 발견된 것은 우연일 것이다. 아니면 히고 남부와 다이이치쇼시(第一尚氏)와의 사이에 무엇인가 관계가 있다는 것을 말하는 증거일 것이다. 미나마다의 후나츠로부터 다메도모가 류규로 출발했다는 전승이 있는데, 이것은 무언가 역사적인 증거가 있는 것인가. 그것은 원래 다이이치쇼시(第一尚氏)의 출생을 시사하는 것은 아닐까.

이렇게 나는 언젠가 오리구치 노부오(折口信夫)의 [류규국왕의 근본]이라는 논문을 보면서 이런 저런 생각을 해보게 되었다.

오리구치에 의하면 고다이고천황(後醍醐天皇)의 아들인 가네요시친왕(懷良親王)이 규슈로 내려갔을 때, 히고에 영지를 가진 보우기죠(伯耆町)의 나와(名和)일족도 히고의 기구이게(菊池) 수군(水軍)과 협력하고, 남조(南朝 : 奈良 吉野의 조정)편을 도왔으나 결국 친왕(親王)이 사망하고, 천하의 대세를 만회하는 것도 불가능하게 되었다.

그래서 히고의 야츠시로, 사사키 등을 근거지로 한 나와 수군(水軍)의 잔당이 규슈 서해안을 끼고 남하하여, 오키나와본도 동남부의 지넨반도 일대를 제압하고, 사사키에 오키나와 최초의 통일왕조의 기초를 세웠다는 설이 있다.

하치만신(八幡神)의 남하

다이이치쇼시(第一尚氏)의 족보에서 알 수 있는 사실은 이 왕조가 하치만신 신앙에 깊숙히 관련되어 있다는 것이다. 류규(流球) 국토를 처음으로 통일한 호족이 야마토(일본)와의 접촉으로 인하여 일본 본토의 신을 모신 것이라고 보기도 하지만, 하치만신에 대한 뜨거운 신앙에는 특별한 어떤 것을 느낄 수 있다.

다이이치쇼시(第一尚氏) 최후의 왕인 쇼도구(尚德)가 기카이지마(喜界島)섬을 정복한 때는 1466년이다. 그 때 하치만대보살의 가호를 받았다고 하여 아사토(安里 : 那覇市)에 하치만궁을 세웠다. 쇼도구왕은 자신이 왕자일 때 하치만안지(八幡按司)라는 이름을 사용하였다.

쇼도구왕의 동생은 하치만가나시(八幡加那志)라고 불렀다. 하치만가나시는 다이이치쇼시(第一尚氏)가 멸망할 때 다마기촌(玉城村)으로 숨었다. 그의 자손들이 지금도 다마기촌 도야마(当山)에 위치한 하치만가나시의 묘지를 지키고 있다.

나가야마 도시히코(中山俊彦)의 [다마기촌후사토지(玉城村富里誌)](1992년)를 보면, 삼백여명의 후사토 주민들 가운데 하치만이라는 이름을 가진 사람들이 매우 많았다. 오키나와의 다른 촌락에서는 찾기 어려운 하치만이라는 성씨가 제5장에서 언급한 모모토후미아가리(百十踏揚)나 쇼다이규(尚泰久)의 자손들과 가장 인연이 있는 후사토에 있다는 것은 그 곳에 다이이치쇼시(第一尚氏)의 계보를 잇는 사람들이 산다는 사실을 증명한다.

더욱이 다이이치쇼시(第一尚氏)가 멸망할 때 쇼도구왕의 남은 신하가 나기진(今帰仁)으로 피난했다는 이야기가 있고, 나기진 구역의 시모운텐촌(下運天村)에 위치한 "모모지야나(百按司)"라 불리는 묘지는 그 유족들의 것이라고 [규요(球陽)]권2는 전한다.

[규요]에 의하면 묘지 안에는 다수의 뼈가 들어 있고, 나무관이 여러 개 남아있는데, 그 속에도 뼈가 들어 있다고 한다. 나무관은 매우 아름답고, 거기에는 모두 파(巴)자의 금문양(金紋様)이 그려져 있다. 그리고 그 가운데 약간 깨끗한 나무관에는 고우지(弘治)13년 9월 모일이라고 써 있다. 「규요」는 이에 대해 쇼도구왕의 유족이 다이니치쇼시(第二尚氏)왕통 제3대인 쇼신왕(尚真王 : 1465-1526) 때에 늙어서 죽은 것이라고 추측한다. 고우지(弘治) 13년이라면 꼭 서기 1500년이다. 쇼도구왕이 죽은 것은

1469년이니까 31년이 지났을 때이다. 즉 쇼도구왕의 유족 가운데 가장 연소자가 그 해 죽은 것이다.

메이지(明治) 38년(1905)에 시마부쿠로 겐이치로(島袋源一郎)가 나무관을 수리(首里)박물관에 진열하였다. 나무관 사진은 [히가시온나간쥰전집(東恩納寛全集)] 제1권의 표지그림으로 사용하고 있다. 그것을 보면 분명히 파자(巴字)의 금문양(金紋様)이 보인다. 이 파문(巴紋)이 하치만궁의 문장(紋章)이기 때문에 [신강오키나와일천년사(新講沖縄一千年史)]에는 그것이 다이이치쇼시(第一尚氏)의 하치만 신앙에서 유래했다고 기술하고 있다. 이러한 신앙이 어떤 경위를 통하여 전해진 것인가.

사시키죠(佐敷町) 츠기시로노미야(月代宮)는 쇼하시(尚巴志)가 살던 성터에 세워졌다. 그 곳에 서면 바텐항(馬天港)이 한 눈에 보인다. 그 신사의 이름을 츠기시로노미야라고 부르는 이유는 츠기시로가 다이이치쇼시(第一尚氏)의 우부스나신(産土神)이었기 때문이다. 지금도 사시키죠에는 나시로전(苗代殿)이 있고, 거기에는 츠기시로 우물이 남아 있다. 또한 츠기시로라고 하는 영석(靈石)이 있었다고도 전해진다. 오리구치 노부오(折口信夫)는 츠기(달)와 하치만신의 관계가 깊기 때문에 아마도 하치만신의 신성한 돌일 것이라고 말하고 있다.

돌솥과 에부네(家船)

오리구치(折口)설의 논쟁은 잠시 멈추고 규슈(九州) 서해안을 남하하여 남쪽에 위치한 섬들을 찾아간 사람들에 관한 이야기를 해보자. 내가 특히 주목하는 것은 나가사키현(長崎県) 니시소노기(西彼杵)반도의 오세토죠(大

瀨戸町)인데, 그것은 두 가지 이유가 있기 때문이다.

하나는 오세토쵸나 그 남쪽의 소도메쵸(外海町)가 돌솥(石鍋)의 생산지였다는 것이다. 나가사키시 북부의 외딴 곳에서 나메시(滑石)라든가 나메시 고개(滑石峠)라는 지명을 볼 수 있는데, 활석(滑石)은 니시소노기 반도 외에는 후구오카현(福岡県)의 오무다(大牟田)에서 조금 생산된 정도로 일본에서 그 산지가 매우 한정되어 있다. 나는 전에 오세토쵸의 활석 광산을 보러 간 적이 있다. 예상과 달리 그것은 험악한 소나무 산림을 몇 개나 넘은 깊은 산속에 있었다. 그곳에는 벼랑에서 돌솥을 파내려고 하다 중도에 포기한 흔적이 있는데, 돌솥 형태가 벼랑에 그대로 남아 있었다.

또 하나는 오세토쵸의 해협이 에부네(家船 : 표류어민)집단의 가장 큰 근거지였다는 것이다. 에부네는 배를 집으로 사용하고, 거기에 일생을 보내는 영세한 어민인데, 선단을 조직하여 놀라울 만큼 먼 거리까지 출어를 한다. 세도나이가이(瀨戸内海)를 따라 형성된 노우지(能地 : 広島県三原市幸崎)나 후다마도(二窓 : 広島県竹原市)의 에부네는 현해탄에 면해 있는 사가현(佐賀県)의 요부고(呼子)방면까지 원정한 사실을 확인했다. 오세토쵸 해협 근처에 위치한 오시마(大島)의 나카도(中戸)나 가기노우라시마(蠣ノ浦島)의 사기도(崎戸 : 蠣ノ浦) 등도 에도(江戸)시대에서부터 에부네가 집결한 어촌이었다.

기지마 진규(木島甚久)는 [일본어업사논고]에서 메이지(明治) 원년(1868)부터 4년 동안 편찬한 [오무라번사(大村藩史)] 초고의 문장을 인용하고 있다. 그것을 요약하면 세토(瀨戸), 사기토(崎戸), 가기노우라(蠣ノ浦島) 세 동네에는 옛날부터 배를 집으로 사용하고 연중 바다에서 사는 자가 있었다. 언어도 용모도 보통 사람과 다르고 친한 사람 외에는 혼인하지 않는 사람들이다. 에부네의 숫자는 대강 120척, 인구는 약500명이다. 거기에 추장이 있고, 모두가 그를 군주와 같이 인정하고 법을 잘 지키고 있다고 한다.

통솔이 잘되는 에부네집단은 군사행동을 할 때 우수한 능력을 발휘했다. 오무라 스미다다(大村純忠) 시대에 류조지 다카노부(龍造寺隆信)가 공격해 왔을 때, 출진하여 싸운 에부네는 감사장을 받았다. 오무라 스미노부(純信) 시대에 난반선(南蛮船 : 서양배) 두 척이 나가사키에 들어왔을 때도 에부네 사람들이 출전하여 활약한 사실이 [향토기] 및 나가사키현하 에부네 사람들에게 전해지고 있는 [에부네유서서(家船由緒書)]에 기록되어 있다. 에부네는 강한 조직력을 가지고 군사로서 활약한 것이다.

돌솥 산지는 나가사키현하의 니시소노기(西彼杵)반도와 그 주변뿐이다. 본토 여러 지역에 돌솥이 보급된 것은 12세기부터 15세기까지의 일로 시대가 정해져 있었다. 돌솥이 아마미나 오키나와에서 출토된 것이라면 누가 돌솥을 가지고 들어왔는지가 중요하다. 그 때, 돌솥 산지이면서 에부네 집결지인 오세토죠가 머리에 떠오른다. 오세토죠의 에부네가 아니라도 니시소노기(西彼杵)반도의 배가 돌솥을 싣고 남하했거나, 외국배가 돌솥을 구매하러 와서 그것을 가지고 아마미나 류규의 여러 섬으로 들어갔을 것이다. 아무튼 동지나해에 면한 규슈 서해안은 본토와 남도를 이어주는 해상길이었다는 것은 틀림이 없다.

돌솥은 아마미오시마의 가사리(笠利), 오키나와본도의 니시하라죠(西原町) 가쟈(我謝), 거기다 근년에는 야에야마(八重山)에서 출토되고 있다. 오키나와본도에서는 10곳 정도의 오래된 구스쿠(城)에서 출토되고 있는데, 대개 12, 13세기경의 것으로 측정된다.

그 가운데 중요한 것은 다이이치쇼시(第一尚氏)의 근거지인 사시키구스쿠(佐敷城)에서 출토된 것이다. 또한 다음에도 언급하겠지만 아마미키요와 관련이 있는 나기진성지(今帰仁城址)나 민톤구스쿠에서도 돌솥이 나오고 있다.

규슈의 서해안을 남하하여 남도로 돌솥을 운반한 장소가 다이이치쇼시(第一尚氏)와 관련이 있는 땅이나 아마미키요의 발자취가 겹친다는 것은 깊은 시사를 준다. 이런 배들 가운데는 나와(名和)수군의 잔당과 같은 왜구(倭寇)의 패잔병들도 포함되어 있었다고 생각된다. 하치만대보살의 깃발을 세운 바한선(八幡船)이 돌솥과 함께 다이이치쇼시(第一尚氏)의 하치만 신앙을 전해 주었을 가능성이 충분하다. 본토의 배가 남도에 가지고 들여온 것들 가운데 가장 중요한 것은 철기 및 대장간 기술이었다. 그것을 다음에서 보려고 한다.

아마미키요와 돌솥

[중산세감(中山世鑑)] 권1에는 "류규개벽지사(琉球開闢之事)"라는 제목으로 아마미미쿠(阿摩美久 : 아마미키요)가 오키나와본도의 우타키(城)나 모리(森)를 만들었다는 고사(故事)가 기록되어 있다.

> 먼저 첫 번째로 구니가미(国頭)에 변두리 땅인 아스모리(安須森), 다음으로 나기진(今鬼神)의 가나히야부, 다음에 지넨모리(知念森), 사이후아우타키(齋場御獄), 야부사츠(藪薩)의 우라하라(浦原), 다음으로 다마구스쿠(玉城)아마츠즈, 다음으로 구다가(久高)고바우모리(森), 다음으로 수리모리(首里森), 마다마모리(眞玉森), 다음으로 섬들과 나라들의 다키(獄)들 모리(森)들을 만들다.

[오모로사우시]에 지넨모리는 "지헤넨모리구스쿠"(知念杜城) 그리고 다마구스쿠(玉城)아마츠즈는 "다마구스쿠모리구스쿠"(玉城杜城)로 되어 있다.

이것들은 신을 모시는 장소(모리)로 구스쿠의 돌벽으로 쌓인 성안에 존재한다. 또한 18세기 초에 편찬된 [류규국유래기]에는 나기진(今帰仁)의 가나히야부의 이베님을 모신 장소도 나기진성 안에 있는 것으로 알려졌는데, 그곳에서 돌솥이 출토되었다.

일설에 의하면 아마미키요는 오키나와본도 동방의 멀고 먼 우후아가리섬(大東島)에서 햐구나(百名)해안의 하마가와우타키(浜川御獄)의 야하라즈가사의 암초에 상륙하여 언덕을 넘어 민톤구스쿠를 만들고 그곳에 머물렀다고도 한다. 민톤구스쿠에서도 돌솥이 나왔다.

[오모로사우시] 권15에 다음의 시가 있다.

> 루조루조의 돌구스쿠
> 아마미키요가 만든 구스쿠

“루조”는 “이소(伊祖)”다. “우라소에(浦添)의 이소(伊祖)의 돌 성은 아마미키요가 설계하여 만든 성이다”라는 뜻이다. 이소의 마구바루(真久原)유적에서 돌솥이 출토되었다. 방어시설로서 구스쿠(城)는 13세기경에 만들기 시작되었는데, 그것은 우라소에의 이소에 거점을 둔 에이소왕(英祖王 : 1260-1299) 시대와도 일치한다. 돌솥 출토지와 아마미키요의 발자취가 겹치는 것은 아마미키요가 규슈 서해안 해변에 도래하였다는 사실을 강하게 시사한다.

아마미키요와 대장장이(鍛冶)

앞서 언급한 지넨모리구스쿠(知念杜城), 다마구스쿠모리구스쿠((玉城杜城), 나기진(今帰仁)의 가나히야부 등에서 구스쿠를 만들 때에는, 성벽에 사용할 딱딱한 돌을 갈아 평평하게 만드는 쇠도끼가 필요했다. 쇠도끼는 아마미키가 데려온 대장장이가 만들었거나 아니면 본토에서 운반해온 것이든가 둘 중의 하나다. 그렇게 생각하면 돌솥과 철기는 깊은 관계가 있다. [오모로사우시] 권14에는 "아마미야로부터 참 세공(細工)(아마미야에서 온 대장장이와 목수)", "지넨모리구스쿠(知念杜城) 만들어 주리(지넨모리구스쿠(知念杜城)를 만들어)", "아지(按司) 곁에 드리자(영주에게 바치자)"라는 시구가 있다.

아마미키요가 지넨모리구스쿠(知念杜城)를 만들었다는 것은 아마미야에서 도래한 대장장이나 목수가 지넨모리구스쿠(知念杜城)를 만들었다는 말과 같은 의미이다.

이하 후유(伊波普猷)는 [아마미야고(考)]에서 오키나와본도 북부 구니가미촌(国頭村)의 요나노로(与那祝女)인 구모이의 "수라오로시" 때 부르는 신요(神謠)를 소개하고 있다. "수라"는 수라(修羅)로서 나목을 사용하여 물건을 옮기는 도구. "수라오로시"는 "배 진수식"을 말한다.

> 먼 옛날 아마미키요(아만토)가 야마토(大和)에서 모셔온 큰 대장장이, 야마토에서 만든 큰 풀무, 옛 야마토에서 만든 큰 쇠망치(鉄鎚), 철판(鉄床)을 준비하여 불씨 흩어지고 풀무로 달구어 때려 큰 톱을 만들어 내고, 큰 끌을 만들고……

이하는 여기서 신대(神代)에 해당하는 [옛 야마토유(昔大和世)]에 아마미키요가 야마토(아마미야)로부터 이 섬에 도래했을 때, 대장장이를 데리고 왔다는 전승에 관심을 두고 있다. 앞서 이소의 돌 성(城)도 철기를 사용하지 않고는 만들 수 없기 때문에 당연히 야마토에서 도래한 대장 기술자를 동반했을 것이다.

아마미키요는 아마이야에서 온 사람들(키요=사람)의 총칭인데, 이하 후유는 아마미오시마 북부의 도카라열도로부터 구치노에라부(口永良部)섬에 이르는 바다가 "아마미도(渡)"라고 불리는 사실을 근거로 본토에서 남하한 사람들을 아마미키요라고 생각하고 있다([あまみや考]).

아마미오시마에는 아마미우다키(奄美嶽)에 아마미키요와 시네리키요라는 신 둘이 하늘에서 내려왔다는 전설이 있다. 아마미우다키는 오시마우겐촌(大島宇検村)의 유완다게(湯湾嶽)라는 설과 북부 가사리(笠利)의 아만데(天持嶽)라는 두 가지 설이 있다. 아마미, 오키나와에는 바다 저편에서 도래한 수평신(水平神)과, 산 정상에 내려온 수직신(垂直神) 두 신이 있는데, 아마미키요는 분명히 후자이며 본토에서 도래한 신의 강림이라는 색채가 농후하다. 아마미키요는 또한 아마니쿠라고도 불리고 있다. 아마미쿠가 국토를 만들고, 인간을 번성시켰다는 것은 제4장 [창세신화의 전개]에서도 언급했지만, 국토나 인간의 창세에 관여한 아마미쿠(아마니키요)와 대장 기술을 가져온 아마미키요가 동일한 인명(人名)이라고 하지만 취급되면서, 시대는 완전히 다르다. 아마미키요에는 "고와다리(古渡 : 옛날 도래)"와 "이마기(今來 : 지금 도래)" 두 신이 있는데, 양자는 남도인의 의식 속에서 언젠가부터 혼재되었다. 그것은 그대로 [오모로사우시]를 비롯한 고요(古謠)에 반영되었다.

[중산세감(中山世鑑)]권1의 [류규개벽지사]에 나오는 신화도 아마미쿠가 천제(天帝)에게 불려가서 섬을 만들라는 명령을 받고 내려와 보니, "동해의 파도는 서해로 쳐서 넘어가고, 서해의 파도는 동해로 쳐서 넘어가고"

있다는 처음부분과 드디어 섬 만드는 일을 시작하여 오키나와본도 각지의 구스쿠나 성지를 만든 부분은 분명히 이질적이다. 전자는 옛 신화 형식을 지키고 있다. 그러나 섬 만들 때 등장한 지명(地名)은 거의 모두 다이이치 소우시(第一尚氏)의 성지와 관련이 있다. 이것을 보면, "이마기"의 아마미키요가 다이치쇼시(第一尚氏)의 발흥기에 도래한 구스쿠를 만든 사람들이라는 판단이 가능하다. 실제로는 야마토의 대장이나 축성 기술자였으나, 그것을 아마미키요의 활동이라고 표현한 것 뿐이다. [중산세감]이 알려주는 개벽신화에는 고와다리의 아마미키요와 이마기의 아마미키요가 아마미쿠라는 이름 아래 일괄적으로 기록되어 있다.

[오모로사우시]나 류규개벽신화에 등장하는 아마미키요는 제철기술(製鐵技術)을 가진 규슈 사람들이라고 생각할 수 있고, 그 발자취는 아마미에서 오키나와 본도까지이며, 오키나와본도에서도 북부이거나 중부일 가능성이 농후하고, 남부일 가능성은 희박하다. 이것은 12,13세기까지는 대장기술과 철제품이 사키시마(先島)로는 파급되지 않은 것을 암시하고 있다. 사키시마에 대장기술이 전해진 것은 14세기 이후일 것이다.

사키시마(先島)의 대장간신

[류규국유래기] 권21에 의하면 이시가키지마(石垣島)섬의 오하마촌(大浜村)에 있는 사키바루온(崎原御嶽)의 유래로서 당시 야에야마에는 철제 농기구가 없었기 때문에 오하마촌의 형제가 사츠마(薩摩)의 보노도마리(坊泊)동네로 사러 갔다는 이야기가 전승되고 있다. 이 이야기는 철제 농기구를 매개로하여 야에야마와 보노츠(坊津) 사이에 교류가 있었다고 말하고

있지만, 이시가키시 아자오하마(石垣市字大浜)의 사키바루온(崎原御嶽) 근처에서 가이지토기(外耳土器)와 함께 쇠붙이 조각과 석탄이 발견되었기 때문에 사키바루온(崎原御嶽) 이야기가 단지 전승만이 아니라는 것을 확인시켜주고 있다.

보노츠도마리(坊津泊)와 그 서쪽에 위치한 아키메(秋目)는 대장간과 대장기술을 남쪽 섬으로 전해 주는 거점이었다. 내가 아키메에서 만난 80세 노인은 당시 남아있는 유일한 대장장이였는데, 다이쇼(大正) 10년경에 아마미오시마의 가사리(笠利) 부근에서 아키메 출신 대장장이의 제자로 들어간 다음 오키나가라베지마(沖永良部島)섬으로 옮겨서 대장간을 운영했다고 한다. 노인의 이야기로는 아키메에는 30개 정도의 대장간이 있었다고 한다. 그러나 동네에서 대장간을 하는 경우는 몇 명에 불과하고, 대부분 아마미의 여러 섬에서 대장간을 운영하였다. 또한 앞서 사키바루온(崎原御嶽)의 유래에 나오는 보노도마리는 그 가운데로 간지야가와(鍛冶屋川 : 대장간천)가 흐르고 그 상류에는 다다라사코(鈩迫)라는 지명도 보인다. 다다라사코는 좁은 계곡에서 다다라후키(사철로 쇠를 만드는 방법)를 한 곳이다. 그것을 사용한 것은 도마리의 사철(砂鉄)이었다. 거기서 만든 철재는 도마리의 대장간으로 운반되었다. 대장간은 배 수리 등도 행하였다고 하는데, 지금도 우물이 남아 있다. 이것으로 아키메나 보노도마리가 남도에서 철제품을 공급하는 장소였다는 사실이 분명해졌다.

그런데, 다라마지마(多良間島)섬의 나카수지부락(仲筋部落)에는 대장간신을 노래한 신요가 남아있다. 대체적인 내용은 야마토 중앙에서 태어난 대장간신이 대장간 도구인 풀무, 철판, 큰 망치를 가지고 오키나와(沖縄)섬에 와서 대장간을 만들고 미야고지마(宮古島)섬을 건너서 다라마(多良間)로 왔다는 이야기이다.

후에 대장간신은 야에야마(八重山)를 건너서 마지막에 요나구니지마(与

那国島)섬으로 갔는데, 대장간신은 흑철로 만들어 비교할 수 없이 강했다. 다만 다리에 약 3평방 센티미터 정도의 살이 붙어 있을 뿐이었다. 그 신은 매우 흉포(凶暴)하여 요나구니지마(与那国島)섬에서는 사람들의 공포의 대상이었고, 그의 처는 그가 자는 중에 비수를 다리에 꽂아 넣어 간신히 살해할 수 있었다. 결국 대장간신은 요나구니지마(与那国島)섬에서 멈추었고 거기서 서쪽으로 더 건너가지 못했다는 전설이 미야고, 야에야마에 전해지고 있다.

대장간신은 다케도미지마(竹富島)섬에서는 "네바라가니도노(根原金殿)라는 명확한 이름을 가지고 있었고, 야구지마(屋久島)섬에서는 도래한 대장간신이라고 했다. 그는 어릴 때부터 쇳가루를 마치 밀가루처럼 먹고 자랐고, 청년 때 쇠로 만든 노(櫂)를 저어 먼 바다를 건너왔다. 또한 다케도미지마(竹富島)섬을 지배하고 요나구니지마(与那国島)섬까지 영지로 삼고자 했다. 그래서 요나국의 시마나카촌(島仲村) 처녀를 부인으로 삼았다. 네바라가니도노가 너무 포악하였기 때문에 부인이 네바라가니도노를 살해했는데, 죽을 때도 금방 죽지 않고 큰 소리로 외쳤다고 한다. 또 그 소리를 듣고 공포에 떨면서 요나국(与那国) 섬사람 천 명 정도가 바다에 몸을 던져 죽고 말았다는 이야기가 요나구니지마섬에 전해지고 있다. 이것은 일본 본토에도 보이는 철인전승 가운데 하나인데, 이런 이야기가 일본의 남쪽 끝인 요나국(与那国)까지 남아있는 것은 그 이야기를 전해준 사람이 일본으로부터 온 도래인이었다는 것을 암시한다.

이 이야기에는 후일담이 있다. 쇳몸을 가진 대장간신이 불운의 죽음을 당했는데, 그 때부터 다케도미지마섬에는 여러 가지 해코지 사건이 일어났다. 예를 들면 시마나카(島中)에 나방유충이 많이 발생하고, 소나무 가로수가 모두 말라죽는 일 등이다. 이 일로 인하여 부락회에서 유다(점쟁이)의 판단을 듣고, 우후츠가사(大司)를 비롯한 네 명을 파견하였다. 요나구니지마(与那国島)섬 사람들은 네바라가니도노의 뼈를 묻은 장소를 비밀로 했는데, 다게도미지마(竹富島)섬 사람들은 열흘이나 걸려 네바라가니도노가 매장되었다고 여겨지는 요나구니지마(与那国島)섬의 묘지를 찾았고, 묘지 흙을 다게도미지마섬으로 가져가서 하자마온(波座間御嶽)에 모셨다고 한다. 놀랍게도 그렇게 한 것이 1941년이라고 한다. 전설이 사실(史實)로 다게도미지마(竹富島)섬과 요나구니지마(与那国島)섬의 주민들에게 면면히 회자되고 있었음을 알 수 있다.

남쪽으로의 지향(志向)

남도에서는 더 남쪽에 대한 동경과 경외감 같은 정서가 보인다. 다게도미지마섬에는 쥐를 파초 잎에 올려놓고 "이 섬은 작고 먹을 것은 많지 않으니 파이노우라시마로 가 주세요"라고 주문을 외우면서 바다에 흘려 보낸다. 제6장에서 언급한 바와 같이 미야고(宮古)의 구리마지마(来間島)섬에서 무르른이라고 부르는 해충보내기 행사를 하는 장소가 파이노하마이다. 미야고지마섬의 우루가(砂川)에는 용궁신의 명령을 받고 바다 속에서 나온 "오(午 : 남쪽)의 아지(按司)"라는 여자이야기가 있다. 그것은 남쪽방향, 즉 남쪽 바다에서 찾아온 여신이야기다. 시골의 젊은이가 여신을 만난 해변에는 남쪽(파이) 섬(시마)인 아리야우섬에서 소인들이 곱구슬과 서양포도 같은 종류의 물건을 가져 왔고, 대신에 밤을 사서 돌아갔다는 이야기가 남아 있다. 때로는 스피라고 부르는 보물 조개와 교환하기도 하였다. 스피조개가 소인들 사이에는 화폐로 사용되었다고 전한다. 또한 서양포도는 스피조개와 교환되기 때문에 스피가메(포도)라고도 한다. 이 이야기가 나오는 남쪽 섬인 "아리야우섬"이란 아마도 아로우섬을 가리키는 것이리라. 또한 미야고지마섬의 가리마다(狩俣)에서는 "파이(남) 섬(시마)"으로부터 여인(여신)이 시라선을 타고 올 때는 세상에 풍년이 든다는 전설이 있다. 시라는 탄생 또는 재생을 의미한다. 옛날 야에야마의 농가에서는 3월 하순에 비가 주룩주룩 오는 밤에 뜸부기가 날아 오는 것을 파이누스마로부터 풍년 신의 전령으로 온 새라고 보고, 횃불을 들고 영접했다고 한다. 사기마 고에이(佐喜真興英)의 [시마이야기]에 의하면, 오키나와본도 기노왕시(宜野湾市)의 아라구스쿠(新城)라는 곳에서는 다이쇼(大正)시대까지 마츠리시에 동네의 젊은이들이 "후에(南)의 시마(島)오도리(춤)"를 추었다. 이상한 복장을 하고 춤추는 것을 보고, 사람들은 남양(南洋)의 광인 춤이라고 이야기 했다고 한다.

야에야마(八重山)에서 구로시마수리오야코(黒島首里大屋子)라는 공직을 맡았던 오하마 요린(大浜用倫)이 표류하여 1791년에 베트남으로 흘러갔다. 그 때 베트남은 화려한 풍년제를 즐기고 있었고, 미륵 제전이 행해지고 있었다. 오하마 요린은 미륵보살이 풍년과 태평을 가져다주는 신이라고 듣고, 미륵 가면과 마츠리 의상을 가지고 야에야마로 돌아왔다. 야에야마에서 부르는 "미륵가"라고 칭하는 민요는 그것을 노래한 것이라고 한다.

대국의 미륵
야에야마에 오셔서
과자를 드소서
섬의 주인님

또한 이시카기시의 도노시로(登野城)에 있는 구반도우타키(小波本御嶽)과 이야나스우타키(御嶽)에 관련된 이야기에서는 옛날 베트남의 아레신 나라에서 온 두 남매 신이 볍씨를 가지고 야에야마에 와서 현재의 도노시로(登野城)북방 구한도우평야에 논을 개척하고 집을 짓고 벼농사를 시작한다. 이것이 야에야마에 벼농사를 전해준 첫 이야기라고 한다.

마키노 기요시(牧野清)의 말로는 이시카기시(石垣市) 출신의 한 병사가 1941-2년경에 인도지나의 주둔부대에 있을 때, 어느 날 유에시에서 가까운 동네에 이상하게도 야에야마와 똑같은 모양을 한 초가집 촌락이 있는 것을 발견했다. 병사가 대장의 허가를 받고 그곳을 보러갔는데, 놀랍게도 그곳은 "꿈에 본" 야에야마의 주택 배치와 똑같았다고 한다.

또한 일본의 저널리스트가 1971년에 남베트남의 빈이라는 작은 동네를 방문했을 때, 그 동네에 풍년제가 한창이었고 빨간 가면 두 사람, 까만 가면 두 사람, 노란 가면 세 사람 등 합계 일곱의 이상한 풍년신이 나타나서 집집마다 방문하였다. 얼굴은 나무로 만든 것 같은 큰 가면을 쓰고, 머리에는 가발을 두르고, 무언가 뿔 같은 것이 여러 개 머리위로 나와 있다. 몸에는 나뭇잎을 두르고 전체적으로 땅딸막한 모습인데 오른 손에는 잎이 달린 나뭇가지를 지팡이로 들고 있다. 그곳에서는 삼모작을 하는데, 수확이 끝날 때마다 이런 풍년제나 기원제를 행하고 있다고 한다. 이것이 야에야마에서 행하는 아가마다 · 구로마다 마츠리를 방불케 한다는 것은 분명하다.

또한 베트남과 같은 남방에서 미륵제와 거기에 필요한 가면이 왔다는 전승이 있다면, 야에야마 사람들은 남방 나라와 신의 나라를 명확하게 구분할 수 없었을 것이라고 생각된다. 요나구니지마(与那国島)섬의 더 남쪽에는 파이도난(南与那国島)섬이 있고, 하데루마지마(波照間島)섬 더 남쪽에는 파이파도로(南波照間島)섬이 있다고 야에야마에서는 믿고 있다. 인두세로 고통을 받은 섬사람들은 지도에도 나오지 않는 환상의 섬을 향하여 탈출하려고 했다는 애환도 남아있다. 이 경우의 "남"도 단지 방위로서의 남일 수만은 없다.

"남쪽으로의 지향"은 수천 년간 필리핀 연해(沿海)에서 시작되는 흑조(黑潮)의 흐름이 바다 물결과 같이 남에서 북으로 흘러서 류규 열도와 일본 열도로 남방의 여러 문물을 실어다 준 사실과 관련이 있는 것이다. 그것은 또한 일본민족의 도래의 길이기도 했다. 그렇다면 남쪽을 향한 지향은 일본인 조상이 남에서 북으로 온 길을 역으로 돌아가려고 하는 무의식적 움직임이 아닐까.

이렇게 생각하면 내세 관념에 조상령이 사는 섬만이 아니라 곡물과 과실이 언제나 열리는 섬이 포함되어 있는 것은 당연하다. 한 편을 취하면 내세는 무한히 거슬러 올라가는 조상령들의 시간이다. 다른 한편을 취하면, 남쪽으로 연결되는 무한한 공간이다. 즉 일본의 사후에 대한 관념이 조상들의 이동기억과 교차하는 세계가 내세인 것이다. 그러므로 츠네요(常世 : 내세)는 "츠네요(常夜)"에서 시작되었는데 그것이 점점 미화되어 이상향이 되었다고 잘라 말할 수 없는 복합적인 관념이다. 이 점에 대하여는 니라이가나이도 같을 것이다.

내세와 니라이가나이

여기에서 내세와 니라이가나이의 차이에 대하여 생각해 보자. 일본 신화는 건국 직후부터 "내세"와 "현세" 사이의 분열을 전하고 있다. 예를 들어 이자나키는 아지나미가 죽으니까 "황천(요미)의 나라"로 자신의 처를 찾아갔는데, 그 사체를 몰래 본 것 때문에 추격당하고, 이자나미로부터 절연(絕緣)을 당한다.

또한 스사노오는 아마데라스 때문에 죄를 지었다고 추방되어 “하하의 나라(妣の国)에 가고 싶다고 울면서 “황천(根の国)”으로 내려간다. 그리고 도요다마히메는 자신의 남편인 히고호호데미가 자기가 분만하고 있는 출산 방을 훔쳐보았다고 화를 내며 “와다츠미노구니(わだつみの国 : 바다신의 나라)의 “해신궁”으로 돌아가 버린다.

여기에서 주의해야 할 것은 금기를 범하여 거절당하는 쪽은 모두 남자라는 사실이다. 즉 이자나키, 스사노오, 히고호호데미의 세 사람은 이자나미, 아마데라스, 도요다마히메의 분노를 사서 양자 간의 갈등이 일어났고, 소외와 단절이 나타난다. 여자들에게는 종교적인 정취가 따라 다닌다.

이러한 대립갈등을 황천의 나라, 뿌리의 나라, 바다의 나라, 하하의 나라, 내세의 나라와 천신이 지배하는 다카아마하라(高天原)나 아시하라노나가츠구니(葦原中国)의 대립에서 볼 수가 있다. 그것은 한 마디로 말하면 “내세(타계)”와 “현세”의 대립인 것이다. 이것이 내세와 니라이가나이의 결정적인 차이이다.

내세 관념에는 현세로부터 타계를 엿보고, 그만큼 그것과의 합일을 동경하며 거기에 몸을 맡기고자 하는 정서가 들어있다. 다만 남도의 니라이가나이에는 현세와 타계의 분열이나 대립보다는 상호신뢰의 끈을 엿 볼 수 있다. “니라이가나이”신에게는 타계에서 현세로의 시선(視線)이 있고, 니라이세지를 가져다주는 자애에 충만한 비호(庇護)의 감정이 있다. 거기에 비하여 “내세”는 현세로부터 타계로의 시선이며, 바라지만 얻지 못하는 교망(翹望 : 갈망)이 있고, “잃어버린 낙원”에 대한 단식이 들어있다.

종장

회상의 신들

쓰시마(対馬), 이즈모(出雲), 미야고지마(宮古島)

1975년 봄에 처음 쓰시마(対馬) 땅을 밟았을 때, 적적하고 고요한 쓰시마의 자연이 각별한 느낌이었는데, 그래도 나는 고독한 여행자는 아니었다. 벚꽃이 피는 산언덕이나 바닷가에 작은 신사들이 있었다. 그 중에는 바다 가운데 도리이(鳥居)를 세운 도요다마쵸(豊玉町) 니이(仁位)의 와다츠미신사(和多都美神社)도 있고, 항구 초입 작은 평지에 산 벚나무에 가려 말없이 서 있는 이름 없는 신사도 있었다. 돌계단을 두 세단 내려가면 금방 파도 물결이 밀려온다. 옆으로 들이치는 비를 맞으며 자색협곡 물길입구에 서 있는 스미요시신사(住吉神社)를 방문한 적도 있다. 신사는 바람 부는 물길을 지키는 수호신처럼 보였다. 가모이세(鴨居瀬)와 아카시마(赤島) 사이를 흐르는 협곡을 자색협곡이라고 부르는데, 그 이유는 자색 해조(海藻)가 자생하고 있어서 수면에 자색모양이 나타나고 주변 산이 투영되기 때문이다. 그리고 북쪽의 사고(佐護)에는 뗏목(筏船)이 떠있는 항구에 노인의 솜씨인 듯 얇은 나무로 만든 도리이가 넘어질 듯한 신사가 있는 것도 보았다. 그것이 내가 찾고 있는 가미무스비노가미(神皇産靈神)를 봉재한 신사라는 사실을 알았을 때, 신이 자연의 시간이 흘러가는데 자신을 맡겨놓고 있는 것을 보고, 짠함과 그리움으로 나도 모르게 눈물이 맺혔다.

쓰시마(対馬)의 신사나 사당(祠)은 에도(江戸)중기가 되는 17세기 후반에 450개를 넘었다. 1975년 현재 인구는 5만 여명이니까 인구비로 생각해보아도 신사 숫자는 전국에서도 제일이 아닐까. 그것도 에도시대의 기록인 [다이슈신사지(対州神社誌)]와 대조하여 보니, 그 때의 쓰시마의 신사들이 원형대로 남아있어서 놀라웠다.

4월초의 몽롱한 상태에 있는 이즈모(出雲)의 아름다움은 비교할 데가 없다.

구마노대사(熊野大社)에서 오우가와(意宇川)천를 따라서 좁고 긴 계곡을 내려가면 오우(意宇)평야가 전개된다. 평야의 중심에 있는 것이 [이즈모풍토기(出雲風土記)]에 나오는 가무나비(神名樋野), 지금의 차우스야마(茶臼山 : 171미터)이다. 오우군(意宇郡)의 가무나비의 남쪽 산록에 위치한 마나이신사(真名井神社)는 풍토기에도 이름이 나오는 오래된 신사이다. 가무나비의 산을 신이 숨어계신 곳이라고 생각하며 아침저녁으로 바라보며 산록의 성수를 몸에 뿌린 고대인의 생활태도가 존경스럽다.

마나이신사 가까이에 있는 이즈모국조(國造)의 관사유적 가모스신사(神魂神社) 돌계단을 올라가면 한 단 높은 사전(社殿)이 홀로 서있는 것이 보인다. 살빠진 소나무에 둘리씨인 참배전 안쪽에서 낭랑한 소리가 들린다. 귀를 기울여 보면 궁사(사제)의 노리토(祝詞 : 기도)이다. 나는 가모스신사를 방문할 때마다 그런 광경을 여러 번 경험했다. 4월의 차가운 비가 돌계단 양쪽 가로수의 벚꽃을 흐트러지게 하는 가운데 일본의 신을 만난 감동으로 충만해져서 내려온 적도 있다. 왕자와 같이 당당한 구마노대사(熊野大社), 신비의 기운이 흐르는 가모스신사, 그리고 가련하고 어여쁜 야에가키신사(八重垣神社).

야에가키신사의 안쪽 좁은 길로 들어가면 사구사메(佐久佐久女) 숲이라고 불리는 곳에 맑은 물이 솟아나오는 연못이 있다. 연못은 작지만 물이 약간 푸르고 투명하다. 고이즈미 야구모(小泉八雲)는 이곳을 "신비의 숲"이라고 칭찬하였다. 연못 옆에 덴교사(天鏡社)가 봉재되어 있다. 전설에 의하면 야에가키히메(八重垣姫)가 이 연못을 물거울로 하여 자신의 모습을 비추어보았다고 한다. 그래서 여인이 죽은 다음에도 그녀의 영혼은 연못에 남았다. 여인의 모습은 사라지고 물밑에서 이곳을 방문하는 사람들에게 말을 걸어오는 것 같은 느낌이 든다. 고대에 자신의 모습을 물에 비추어 수점(水占)을 쳤는데, 그 수점의 흔적이 이런 형태가 된 것이리라.

미야고지마(宮古島)섬의 시마지리(島尻)촌락 부근에 티라라고 부르는 우타키(御嶽)는 잘 뻗은 복나무에 둘러싸인 참배소이다. 가운데는 성역을 표시하는 이비석(石)이 있고 그 옆에 향로를 놓아둔 것 외에 다른 아무것도 없다. 그러나 거기에서는 바람과 같이 움직이는 영성을 느낀다. 복나무(福木) 숲이 사원의 원주(圓柱)이고 그 원주 사이로 바다가 보이고, 그 끝에 오가미지마(大神島)섬이 가로놓여 있다. 복나무의 둥글고 반들반들하고 두꺼운 잎사귀 틈으로 밀려들어오는 태양빛이 천연의 사원 안을 장엄하게 만든다. 근처 산은 시마지리(島尻)의 무녀(神女)들이 우야간제(祖神祭) 때에 신요를 부르면서 밤중에 맨발로 걸어 다니는 곳이다. 남도라고 해도 겨울 추위는 집안에서도 불이 없으면 참기 어려울 정도이고, 문밖에 오래 서있을 수가 없는 정도이다. 그렇게 추운 밤에도 무녀들은 밤새 우타키 안에서 신요를 부르며 지낸다.

그런 단식 산기도 후에 시마지리의 무녀들이 무도지마(元島)라고 부르는 작은 곶 끝 돌출부에 지은 조촐한 작은 초가집에 가득 들어 앉아 있는 모습을 본 적이 있다. 눈을 크게 뜨고 입구에서 안을 들여다보니 잠자리뿐인 깜깜한 작은 방 귀퉁이에 말을 할 힘도 없이 지쳐 있는 할머니들의 모습이 눈에 들어왔다. 석기시대로 시간을 거꾸로 돌려보낸 것 같은 이상한 광경에 나는 잠시 꼼짝할 수 없었다.

그 때의 말할 수 없는 감동은 시마지리의 무녀들이 동제(冬祭)인 조상제의 마지막 순서를 행하려고 할 때 더욱 커졌다. 50세부터 76세까지 노령의 무녀들이 그 때까지 네 번이나 단식 산기도를 계속했다. 잠자리에 억새풀을 펴놓은 작은 방에서 지낸다는 것 이외는 산에서 무엇을 하는지 알려지지 않았다.

1974년 1월 중순, 바람 부는 작은 곶의 평평한 땅에 나뭇잎으로 엮은 관을 쓴 무녀 8명이, 원을 그리며 후사(神歌)를 부르고 있었다. 곶의 끝 돌출부는 세 방향이 절벽이고 바닷물 소리가 바로 밑에서 들린다. 바람이 소리 지르자, 무녀들이 쓴 관의 나뭇잎이 날렸다. 그러나 노래 소리는 약해지지 않는다.

한 시간 정도 지날 즈음에 시마지리 부락의 여자들이 찾아왔다. 그녀들은 무녀들의 뒤에 따라붙어 맨발로 서 있는 무녀들의 넓적다리를 주무르기 시작하였다. 그런 다음에 뒤에서 겨드랑이 밑으로 양팔을 넣어서 무녀를 붙잡아 준다. 무녀들은 극도의 피로로 인하여 서기도 힘들 정도였다. 무녀의 딸이나 며느리이기도 한 동네 여자들은 무녀들이 마츠리에서 역할을 잘 완수할 수 있도록 돕기 위하여 스스로 지팡이의 역할을 하고 있다. 그렇게 마츠리의 전통은 어머니로부터 딸과 며느리에게 전해지고 있다.

시마지리부락의 남자 열 명 정도가 오두막 밑에 몸을 숨기고, 신요가 끝날 때마다 원형으로 모인 무녀들에게 가까이 가서 자신들의 어머니이거나 부인이기도 하고 자매이기도 한 무녀들에게 무릎을 꿇고 예를 갖춘다.

오후 3시경부터 7시가 지날 때까지 4시간정도 멈추지 않고 신요가 계속되었다. 날은 완전히 저물었다. 시마지리부락에서 남녀노소가 많이 몰려왔다. 남자 한 사람이 억새다발에 불을 붙이고 곶의 끝 돌출부에 쌓은 돌 위로 올라갔다. 조상제의 종료를 어버이 섬인 오가미지마(大神島)섬에 고하기 위해서다. 불꽃이 암흑을 태웠다. 이윽고 암흑 속에서 갑자기 환성이 일어났다. 무녀들이 노래를 마친 것이다.

지금까지 서있기도 힘들어 보이던 무녀들이 몸을 지탱해 주던 길고 까만 나무지팡이를 치면서 맨발로 뛰기 시작했다. 사람들은 필사적으로 그 뒤를 쫓아갔다. 신이 떠나기 전 일순간, 무녀들 가운데서 "신"이 최고로 부풀어 오르고, 무녀들의 몸에서 나와서 미쳐 날뛰었다. 이전에는 절벽을 뛰다 다치거나 풀 넝쿨에 걸려 넘어져 죽은 경우도 있다고 한다.

몇 분후에 무녀들은 실신하여 나무뿌리나 풀 섶에 넘어져 있는 것이 차례로 발견되었고, 사람들에게 업혀 작은 집으로 옮겨졌다. 사람들의 뒤를 따라가 훔쳐보니 무녀들은 작은 집의 잠자리에 엎드려 누워 있었다. 신이 떠난 후에 무녀들의 모습은 마치 죽은 새처럼 보였다·

정토종의 승려인 다이쥬쇼닌(袋中上人)이 류규를 방문한 것은 1603년이다. 그는 3년간 류규에 머물면서 즐겁게 견문한 곳을 [류규신도기(琉球神道記)]에 기록하고 있다.

그 책에 의하면 아라가미(新神)나 아라가미(荒神)라고 불리는 신이 출현할 때, 신에게 위탁된 여인들은 한 모금의 물도 마시지 않고, 한 알의 곡물을 입에 대지 않아도 얼굴 색이 변하지 않고 몸은 튼튼하였다. 소녀는 7살 이상, 나이든 여자는 60세 이하의 여자들이 무녀가 된다. 그녀들은 뛰어도 가시덩굴이나 가시에 걸리거나 돌에 걸리거나 하지 않는다. 물에 들어가도 젖지 않는다. 낮도 없고 밤도 없이 숲 속에서 오신(娛神 : 신을 즐겁게 함)을 하고, 풍우(風雨) 속에서도 뜰에서 산다. 14일간의 마츠리 기간이 지나면 신이 그녀들로부터 떠난다. 그러면 여자들은 즉시 실신한다. 이때, 붉은 흙을 물에 타서 마시게 하면 잠시 후에 살아 돌아온다. 하루 이틀 후에 그녀들은 자신들의 고향집으로 돌아간다고 한다.

17세기 초기에 기록된 [류규신도기]의 내용을 생각나게 하는 무녀들의 모습이 400년 후 남도의 일각에 지금도 살아있다. 류규열도에서 오래동안 축적되어 분출되어 나오는 종교적인 활력이 여자들의 마츠리 가운데서 지금도 고정화되지 않고 편향도 없이 생동한다. 세속세계에서는 우위를 자랑하는 남자들이 마츠리 때에는 자신의 어머니나 처에게 무릎을 꿇고 절한다. 이렇게 인간미가 넘치는 풍경은 본토에서는 절대로 볼 수 없는 것이다. 여자들의 마츠리가 쇠퇴하고, 끊어질 때 류규열도를 지탱해 온 신들은 사라진다는 생각이 그 때 내 마음에 새겨졌다.

1994년 5월 22일, 미야고지마(宮古島)의 히라시(平良市)에 머물고 있던 나는 지역 신문 기사에 눈을 멈추었다. 거기에는 미야고군도의 녹음이 1972년 본토복귀 후 20년간에 반감하고 있다고 보도하고 있었다. 면적에 대한 삼림의 비율, 즉 삼림율은 일본 본토에서 67퍼센트, 오키나와현 전체에서 47퍼센트 이지만, 마야고군도는 겨우 16퍼센트라고 한다. 나는 그 기사를 읽고 아연했다. 지금부터 또 20년이 지나면 미야고섬은 나무가 없는 나체와 같은 섬이 되고 만다. 나는 녹음의 감소가 마츠리(神祭)의 쇠퇴로 이어지는 것이 걱정되어, 그 해 가을 11월, "미야고지마섬의 신과 숲을 생각하는 모임"을 결성하고 이후 해 마다 집회나 행사를 계속하고 있다. 그럼에도 불구하고 미야고지마섬의 마츠리는 해마다 위기적 상황이 더해 간다. 앞에서 언급한 시마지리부락의 동제(冬祭)와 비슷한 조상제들이 이웃 가리마다(狩俣)부락에서 행해져 왔으나, 1997년에 어쩔 수없이 중단되었다. 부락공동체의 중심으로 수백년이나 이어온 마츠리의 붕괴는 당연히 그 곳에 사는 사람들의 마음에 혼란을 초래한다. 한편에서 지금은 가리마다지역과 다리로 연결되어 있는 이게마지마(池間島)섬의 마츠리 행사는 우리모임의 지대한 노력에 의하여 11년 만에 부활했다.

1998년 11월 22일, 우리의 "미야고지마의 신과 숲을 생각하는 모임"은 제5주년 기념집회에 북해도의 아이누 유지 몇 명을 초청하였다. 집회 둘째날은 참가자 모두가 이게마지마섬에서 가장 격이 높은 우하르즈우타키

(御嶽)에 참배하였다. 이게마지마 무녀의 최고위에 있는 우후츠카사가 우타키 깊숙히 계시는 신에게 기원을 드린 후, 신배(神杯)를 아이누 유지대표에게 주었다. 대표는 그것을 정중히 받고 "북 사람들과 남 사람들의 마음을 묶는 신에게 감사드리나이다"라고 대답했다.

그 후에 이게마지마의 산호초 모래를 깐 맑은 둔치에서 아이누사람들이 아츠시모양의 예복으로 몸을 갖추고, 바다의 신, 물의 신, 숲의 신을 상징하는 세 개의 이나우(솟대)를 모래사장에 세우고, 가무이노미라고 불리는 신에게 드리는 기도의식을 행했다. 둔치에서 몇 미터 떨어진 식장 중앙에는 아이누가 존중하는 불의 여신인 가무이후치를 나타내는 모닥불이 타고 있었다.

모닥불에 나뭇가지를 넣는 사람은 미야고의 간가가리야(신점을 치는 여자)였다. 뒤에서 오하르즈우타키 마츠리를 주재한 백의의 무녀가 눈물을 흘리고 있었다. 아이누 대표의 기도에 파도소리가 혼합되었다. 그것이 끝나니 모래사장에서 아이누 사람들과 미야고의 무녀들이 원을 만들고, 아이누 무용을 추었다. 내가 오래 동안 꿈꾸어온 북 아이누와 남도를 묶는 우정의 끈이 현실이 된 하루였다.

인간은 인간만으로는 살아갈 수 없다. 인간에게는 신이 필요하다. 신이란 교의도 교전도 교회도 교조도 필요치 않은 신인데, 그 신의 구현(具現 : 구체적인 모습)인 자연이 필요하다. 신과 자연에 대한 외경(畏敬)을 잃어버린 것이 현대 일본의 정신적 황폐를 불러왔다. 그것을 극복하기 위하여 눈이 많이 내리는 대지의 친구(아이누)와 눈을 모르는 남도 사람들이 함께 결심한 이틀이었다.

후기

이 책의 집필목적은 일본 신들의 원형을 찾아 기술해 보자는 것이었는데, 끝내고 나서 보니 쓰지 못한 내용들이 있다. 그 중 하나는 자매가 형제의 수호신이 되는 "오나리 신앙"으로, 여기에서 보충하고자 한다.

내가 눈으로 직접 오나리 신을 본 것은 1978년 12월 14일부터 사흘 동안 행해진 구다카지마(久高島)섬의 이자이호 마츠리 때 일이다. 구다카지마섬은 오키나와본도 동남해안의 바텐(馬天)항에서 흔들리는 정기선으로 약 한 시간을 가는 외딴 섬이다. 그 곳에서는 매 12년 마다 말띠 해에 이자이호 마츠리를 개최한다.

이자이호라는 명칭의 유래는 알 수 없다. 마츠리의 주역은 새로 무녀(神女)집단에 가입하여 무녀의 자격을 얻은 난츄이다. 난츄의 나이는 30세에서 41세까지이다. 장소는 이 책에서 언급한 구다카지마섬에 위치한 우돈먀라고 부르는 광장이다.

마츠리는 보름달이 뜨는 날을 이용하여 12월 14일 저녁에서부터 시작한다. 노로(무녀)의 선도를 받아서 머리를 허리까지 늘어뜨린 난츄 집단이 저녁 컴컴해질 무렵에 마츠리가 행해지는 광장에 모습을 드러내고, 에화이라는 구호와 함께 신(神)아샤기(오키나와의 祭場)를 향하여 뛰어간다. 풀어헤친 머리를 휘날리면서 흰 옷을 입고 맨발로 구호를 외치며 황혼이 지는 광장을 질주하는 난츄들의 모습은 마치 크게 흥분하여 검은 털을 세우고 뛰어가는 암말(牝馬)과 같았다. 이윽고 신아샤기에 도착한 난츄들은 광장 뒤쪽에 야자 잎으로 만든 가건물에서 3일간을 숙식하며 지낸다.

첫째 날의 의식은 "저녁신 놀이"라고 불린다. 첫날 한밤중에 난츄들은 "자시(子時) 놀이", "인시(寅時) 놀이"를 한다. 신아샤기 마당에서 원을 그리고 모여서 노래와 춤을 즐기는 것이다. 외부사람들에게는 그 모습과 내용을 알 수 없게 비밀에 부친다.

둘째 날 저녁에도 첫째 날과 같은 의식이 반복된다. 첫째 날의 "저녁신 놀이"에 이어 둘째 날은 "새벽신 놀이"라 부른다.

셋째 날 아침에 난츄들의 숙소에서는 쌀가루로 시토기(粢 : 신전에 바치는 떡) 경단을 만들어 찌지 않고 두었다가 난츄들의 남자 형제들이 그것을 우돈먀 광장으로 운반한다. 전날까지 머리를 풀어 헤쳤던 난츄들이 셋째 날에는 머리를 묶고 흰 머리띠를 두르고 그 위에 적백황(赤白黄)의 삼색종이로 만든 이자이 꽃을 꽂는다. 적(赤)은 태양, 백(白)은 달, 황(黄)은 땅의 신을 상징하는 것이다. 광장에 모인 무녀일동은 먼저 호카마네비토(外間根人 : 중심무녀의 남편)의 손가락 끝으로 이마와 두 볼에 주인(朱印)을 받는다. "주인찍기"의식을 마치면 난츄들의 남자 형제들이 가지고 온 쌀가루 떡으로 외부에서 온 무녀가 난츄들의 이마와 볼에 "스지(떡) 찍기"를 한다. 이것으로 난츄들은 제사집단의 일원이 되었다고 인정된다.

쌀가루를 쪄서 만든 경단을 스지라고 부르는 것은 특별한 의미가 있다. 스지는 세지라고도 하는데, 오키나와에서는 신적 능력을 나타내는 말이다. 스지(세지)를 찍어야 무녀로서의 자격을 얻는다. 또한 스지 찍기 의식 때 경단을 넘겨주는 사람이 난츄들의 남자형제들이라는 사실도 그냥 지나칠 수 없는 일이다. 남도에서 여동생은 오빠의 수호신이라고 믿어진다. 이자이호에 참가하는 난츄는 반드시 에케리(오빠)를 정한다. 구다카지마섬 방언으로는 에케리를 이시캬라고 부르다. 난츄에게 오빠가 없을 때는 남동생이나 조카, 사촌이 에케리의 역할을 한다. 에케리는 이자이호 마츠리에 앞서 마츠리 때 입을 예복이나 내복을 만들 하얀 옷감을 난츄에게 보낸다. 그것을 통해 아버지나 어머니가 없는 곳에서 오빠와 누이동생의 독특한 친밀관계를 알 수 있다. "주인(朱印)찍기 의식"을 행한 다음에 축하순서로 둥그렇게 모여 춤을 춘다. 그것을 "주인 찍기 놀이" 혹은 "꽃 꽂기 놀이"라고 부른다.

마지막 넷째 날에는 무녀들이 외부 노로와 구다카 노로에게 이끌리어 둘로 나뉘어 난츄들의 집을 하나하나 돈다. 난츄들은 우타키(御嶽)에서 가져온 도우츠루모도키의 푸르고 날카로운 잎으로 만든 관을 머리에 쓴다. 난츄들의 집에서는 오빠(에케리)가 나흘 만에 돌아온 난츄들과 함께 온 무녀(노로)들을 영접한다. 난츄는 앞방에 들어가서 준비된 비자나무 돗자리 위에 앉아서 에케리와 마주 본다. 앞방에는 신주(神酒)를 넣은 술병 두 개와 음식이 놓여있다. 신주라고 해도 겨우 하루 전에 만든 죽 같은 상태이다. 에케리는 먼저 자기 입에 댄 신주 술병을 난츄에게 건네준다. 오빠와 누이동생이 나누는 술잔은 마치 성혼(聖婚)을 생각나게 한다. 에케리와 난츄가 신주를 나누는 동안에 정원 앞에서 무녀들이 신요를 부른다. "난츄 수호신이 내려오셔서 오빠와 대면시키시고…" 이것은 신이 내려와서 오빠와 누이동생을 묶어준다는 축혼가다. 노래를 마치면 입회한 노로가 난츄의 머리에서 도우츠루모도키 잎으로 만든 관을 벗겨서 쟁반에 담아 오빠에게 건넨다. 이것으로 누이동생은 오빠를 수호하는 오나리 신이 되는 것이다.

다음에 무녀들이 광장에서 삼중으로 원진(圓陣)을 만들어 노래과 춤을 즐기는 것인데, 무녀들은 화려한 색깔을 한 당나라 부채를 든다. 난츄들은 성혼식에서 오빠에게 드린 도우츠루모도키 관을 쓰고, 손에는 빈랑(檳榔)나무 잎으로 만든 초록색 부채를 든다. 신요에 맞추어 부채를 위 아래로 흔들고 천천히 장내를 돈다. 맨발 무녀들의 발목에 하얀 모래가 차고, 또한 하얀 예복은 뜨거운 햇빛에 반사되고, 구슬땀이 내리는 볼은 눈부시게 빛난다. 무녀들이 합창하는 신요가 광장을 압도한다. 가무동작이나 신요의 음절은 매우 단순하지만 그것을 멈추지 않고 반복하는 동안 무녀들만이 아니라 관객들도 말없이 혼미해져 거기에 도취되는 것 같다.

이자이호 마츠리는 내가 본 1978년을 마지막으로 돌아오는 말(馬)의 해인 1990년부터는 행하지 않게 되었다. 이유는 구다카지마섬 밖으로 나가 생활하는 사람들이 많아지고, 섬에 남은 여성들로 난츄 자격을 가진 나이의 사람들이 극소수로 줄었기 때문이다. 오키나와 마츠리 가운데 가장 화려하고 세련되고, 연극적으로도 잘 구성된 이자이호 마츠리의 중단은 너무나 애석한 일이다. 이자이호와 함께 가장 중요한 미야고지마(宮古島) 가리마타(狩俣) 조상제도 사라지고 말았다. 언제까지나 계속될 것 같던 마츠리가 다시는 볼 수 없는 시대가 되고 말았다. 이자이호를 보지 못하고, 조상제를 알지 못하는 사람들은 예전에 그런 훌륭한 마츠리가 존재하였다는 사실을 생각하지 못할 것이다. 과거 구다카지마섬 대지에 펼쳐졌던 이자이호 마츠리는 밤하늘에 떠오르는 둥근 불꽃과 같은 추억이 되어서 나의 가슴에 남아있을 뿐이다.

자매가 형제의 수호신이 된다는 신앙은 남도에서 널리 보인다. 남자 형제가 배를 타고 나갈 때, 누이들은 머리카락과 손수건을 건네주며 항해의 안전을 기원하였다. 전쟁 때도 그랬다. 여행이나 전쟁 때 남자들이 징표를 받은 상대가 누이들인 경우는 전체의 60%에서 80%나 된다. 그에 비하여 자신의 처로부터 징표를 받은 경우는 5%에서 6%뿐이다(大胡欣一). 그 차이는 분명하다.

오노 시게로(小野重郎)는 [오모로사우시]에 연가(戀歌)는 13수뿐이지만 그 중에 6수까지는 오나리와 에케리 사이의 연애를 주제로 한 것이라고 말한다. 그 중에서도 오빠가 배로 바다를 나갈 때에는 오나리인 자기가 앞서 나가겠다고 말하는 다음과 같은 노래가 있다.

우리의 오나리 신께서
지켜 주러 오시는 구나
야레 루게

또 동생 오나리 신께서
예쁜 나비가 되어 오시는 구나
또 동행 나비가 되어 오시는 구나(권 13-220)

대체적인 의미는 '나의 누이 신이 나를 보호해 주려고 와주었다. 아름다운 나비가 되셔서' 라는 내용으로 이 경우는 나비이지만 아마미의 민요 속에는 오나리 신이 백조가 되어 오빠가 탄 배의 뱃머리에 머물러 있다는 내용의 노래도 있다. 아내는 남편의 수호신이 될 수 없었다. 오빠와 누이 사이의 끈이 가장 강한 것이었다.

고대일본에서도 수이닌천황(垂仁天皇)의 왕비인 사호히메와 사호히코 이야기가 [고사기]에 기록되어 있다. 사호히코의 반란에 가담하려 하였으나 뜻을 이루지 못한 사호히메는 자신의 남편인 수이닌천황을 버리고 오빠 곁으로 달려갔지만, 오빠가 살해당하게 되어 자신도 함께 죽은 것이다. 확실하게 오누이 근친상간(相姦)에 해당하는 내용은 [고사기]와 [일본서기]에 들어있는 인교천황(允恭天皇)의 황태자인 기나시노가루노히츠기노미코(木梨軽皇子)와 친누이 가루노오오이라츠메노미코(軽大娘皇女)간의 연애이다. 그로 인해 벌을 받아서 황녀는 이요(伊予) 땅으로 귀양을 가게 되었다고 [일본서기]는 기록하고 있다. 또한 덴치천황(天智天皇 : 中大兄皇子)과 동복(同腹) 누이인 하시히토황후(間人皇后)도 서로 사랑하는 관계였다.

이런 관계는 고대일본에서 히메는 제사를 맡고 히코는 정치를 맡는다는 이중주권에 기초한 것이리라. 고대일본에서도 신과 천황의 중재자로서 신탁을 전하는 황후를 나가츠스메라미고토라 불렀는데, 오리구치 노부오(折口信夫)는 히메히코제도라는 이중통치와 닮은 것이라고 주장한다. 이것은 남도에서 마을의 개척자 집안 즉 마을의 뿌리가 되는 가문의 주인을 네비토(根人)라고 부르고 그 자매를 네가미(根神)라고 불렀는데, 네비토는 마을의 운영을 맡고, 네가미는 오직 마츠리 행사를 책임지는 양분된 역할을 가진 일과 같이 비슷한 일이다. 이것이 확대되어 쇼신왕(尚真王) 때, 조직된 기코에오오기미(聞得大君 : 오키나와 최고의 무녀)와 왕이라는 양분제로까지 발전한다. 내각미(신녀)나 노로(무녀)를 이끌어 종교조직의 정점에 서는 기코에오오기미는 왕의 수호신 즉 오나리 신인 것이다. "오나리 신" 신앙은 고모와 조카의 관계에서도 보인다. 고모와 조카간 혼인의 전형적인 실례로는 도요타마히메의 아들 우가야후키아에즈와 그의 고모인 야마토히메의 관계에도 보인다. 다만 이 경우 야마토히메는 아버지 게이코천황(景行天皇)의 동복누이이며 야마토다게루에게는 아버지 쪽의 고모에 해당한다. 원래 어머니 쪽의 이모와 조카의 관계에서 출발하여 아버지 쪽의 고모와 조카의 관계로 변화된 것이라고 생각된다.

야나기다 구니오(柳田国男)는 [누이의 힘]에서 모내기를 할 때, 아름다운 옷을 입고 점심을 나르는 일을 맡은 여성을 오나리라고 불렀다고 하는 사실에 착안하여 그것이 남도의 오나라 신의 잔존이 아닐까 추정하고 있다. 오빠와 누이의 관계는 피를 나눈 혈육으로 성립되었기 때문에 부부와 같이 성적관계를 필요로 하는 것은 아니었다. 오히려 성을 매개로 하지 않는 데서 강한 정신적 연대가 생겨난 것이라고 생각된다.

마지막으로 내가 채집한 오나리 신의 민요를 소개해 두자. 지금부터 약 40년전인 1960년 나는 오키나와출신으로 토쿄에서 공부하는 청년을 알게 되었는데, 생각지도 못하게 그 청년에게 "자신은 어렸을 때 야에야마(八重山)의 이도만(糸満)에 사는 어부에게 팔려 간적이 있다"는 고백을 들었다. 이도만 어부들 사이에는 가난한 집 아이들을 돈으로 사서 일정기간 일을 시켰고, 바다 물속에 들어가 어패류를 따게 하는 풍습이 있었는데, 야에야마에 전쟁이 끝난 직후까지 그 풍습이 남아 있었다. 나는 젊은이의 체험담을 자세히 기록하여 1981년에 [바다의 군성(海の群星)]이라는 작품을 썼

다. 일부러 소설적인 구성을 배제한 작품 속에 젊은이가 나에게 말해 준 노래를 실었다.

구름이 동쪽에 뜨니
우리 누이 신이로구나
모셔드리자
우리 누이 신을
(동쪽에서 올라오는 구름은 나의 누이 신이다. 끌어 올리자구나. 귀한 누이 신이여)

이 노래에서 우나이(妹神) 혹은 우미나이(누이 신)라고 되어 있는 것은 모두 오나리를 말한다.

이도만 어부에게 팔려간 13살 소년은 풍랑이 올 것 같은 불안한 사바이 어선(오키나와의 어선) 뱃머리에서, 또한 얼어붙을 듯한 차가운 겨울 파도 위에서 헤엄치며 어디에선가 들어서 외우고 있던 노래를 읊조렸던 것이다.

다니가와 겐이치(谷川健一)
1921년 구마모토 출생
토교대학 문학부 졸업,
전공 - 민속학

역자후기

이 책은 일본의 저명한 민속학자 다니가와 겐이치(谷川健一)가 쓴 [일본의 신들(日本の神々)]을 완역한 것이다. 다니가와는 일본의 남쪽 지방에 있는 오키나와(沖縄)섬과 아마미오시마(奄美大島)섬을 중심으로 민속신앙의 현지조사를 실시하여 잊혀져가는 민간신앙을 분석하고 있다. 그의 분석과 해설을 통하여 우리는 일본의 해변마을에서 민간신앙이 어떻게 형성되었고, 어떻게 계승되고, 또 어떻게 사라졌는지 알 수가 있다. 특히 저자는 해변마을에서 형성된 민간신앙의 신관이 일본 국가신도의 천황제 신관으로 확대되었지만. 그 본래적 모습이 오늘날 일본인들의 종교의식 속에 계승되고 있다고 주장한다.

저자는 신사신도와 국가신도에 밀려나 사라져 가고 있으나, 그런 제도화된 신앙의 이면에서 일본인의 종교의식을 전해주는 마을의 제의와 작고 오래된 신사 등의 신역(神域)에 강한 애착을 갖고 있다. 그는 모토오리 노리나가(本居宣長)가 "평범하지 하지 않고 경이로운 모든 것들을 신이라고 한다"는 유명한 일본의 신에 대한 정의를 지지하며, 비교적 불교의 영향을 받지 않고 고대의 민간신앙을 계승해 온 남도 해변의 마을 제의와 작은 신역(神域)들을 조사, 분석하고 있다. 일본의 옛 신들의 다양한 형태와 성격을 분석하여 그러한 신관을 형성한 마을 사람들의 생사관 및 세계관을 찾아보는 것은 현대 일본인의 가치관 및 종교의식을 이해하는데 필수적인 작업이라고 할 것이다.

한국의 서낭당과 같이 일본의 남도 각지에 흩어져 있는 우타키(御嶽),

모이돈(森殿), 야보사, 니소모리(杜) 등은 제의장소로 알려져 있어서 신사의 원형이라고 할 수 있으나, 원래는 장지(葬地)로서 사자(死者)의 유해를 묻은 곳으로 조상의 영혼을 위로하는 곳이었다는 것이다. 후에 이런 곳을 신이 내리는 나무(히모로기)와 가건물을 세우고, 마츠리(祭)를 행하게 된 것이 신사로 발전하였다고 한다. 일본의 신사를 미야(宮)이나 야시로(社)라고 부르는 것은 마츠리를 행하는 장소라는 뜻이다. [고사기]와 [일본서기]에 나오는 개벽신화와 비슷한 창세신화도 미야고지마(宮古島)섬에 전해지고 있는데, 이는 파도가 쳐서 섬을 만들고 남매가 아이를 낳아 자손을 번성시키며, 야에야마(八重山)에는 큰 섬을 침몰시키는 홍수신화가 전해지는데, 이는 츠나미와 관련이 있다고 보인다. 저자는 이러한 창세신화는 낙원에 대한 일본인들의 향수를 나타내는 것이라고 한다.

[일본서기]에서는 사람(人)을 가미(神)이라고 부르고 있고, [만엽집]에서는 먼 바다 건너오는 기러기를 가미(神)이라고 불렀는데, 남도 사람들은 장수하는 노인을 저 세상의 신이라고 믿었다. 정월 초하루에 노인들이 동네 사람들의 절을 받고, 소금을 쟁반에 넣어주며 축복하는 것은 저 세상에서 도래한 신이라고 믿기 때문이다. 또한 히사다카지마(久高島)섬의 이자이호 마츠리는 고대신앙의 잔얼(殘孼)이라고 생각되는데, 마츠리의 주역인 무녀는 고통스러운 과정을 거쳐 강신체험을 한 후에 신 자체로서 대우를 받고, 숭배되고 있다. 일본천황의 조상이라고 주장하는 아마데라스오미가미(天照大神)는 [오모시로사우시]에 나오는 데루(照)라는 이름을 가진 무녀의 이름에서 온 것으로 정치적인 의도 아래 진화한 것이라고 한다. 또한 남도에서는 병사나 사고사한 사람을 기가즌(怪我死)이라고 부르면서 기피

하는데, 죽은 자의 원령이 산 자를 해코지한다고 생각하여 원령을 위로하기 위하여 정중히 모신다. 일본 민간신앙의 특징이라고 할 수 있는 원령신앙은 교토의 기타노텐만규(北天滿宮)의 제신(祭神)이 된 스가하라노미치자네(菅原道真)의 영혼이 대표적인 사례이다.

일본 민간신앙의 형성에 많은 영향을 준 것은 도래 한국인들의 신앙이다. 대표적인 사례는 [속일본기](666년)에 등장하는 고려의 사신 현무약광(玄武若光)인데, 그의 무리는 무사시국(武蔵國)의 고려군(高麗郡)을 신설하고 그곳에 살았다고 한다. 오늘날도 고려마을에는 천하대장군, 지하여장군이 있고, 약광의 묘지인 조선식 다중탑이 있다. 이러한 한국 도래인들은 자기들이 믿는 신들을 가지고 왔는데, 시모노세키(下関) 이미노미야신사(忌宮神社)에서 열리는 수호데이(数方庭) 마츠리는 [삼국유사]의 소도(蘇塗)에서 유래한 것이라고 하며, "큰 나무를 세우고 방울과 장구를 들고 귀신을 맞이한다"([왜지동이전] 馬韓장)라는 기록에서 조선의 솟대를 새웠다는 것을 알 수 있다. 또한 약광보다 앞서 고려 의여산(意呂山:울산)에서 일본으로 이주한 천일창(天日槍)의 처 이야기도 전해지는데, 그녀는 오사카 난바(難波)에 정착하여 히메고소신사(比売碁曾神社)의 아카루히메신(阿加流比売神)이 되었다고 한다. 저자는 천일창은 태양신의 제사에 쓰인 금속제기 중의 하나인 창이었고, 그 창을 가지고 뛰며 강신하는 아카루히메((明姫)라고 무녀가 있었으며, 이 이야기는 태양신의 무녀이야기이고 동시에 조선에서 전래된 청동기나 철기 생산에 종사한 기술자들의 이야기라고 주장한다.

남도 사람들에게 더 남쪽에 대한 동경과 경외감 같은 정서가 보이는데,

저자는 그것은 일본인 조상이 남에서 북으로 온 길을 역으로 돌아가려고 하는 무의식적 경향일 것이라고 주장한다. 그리고 내세관에 조상영이 사는 섬만이 아니라 곡물과 과실이 언제나 열리는 먼 남쪽 섬이 포함되어 있을 것이라고 한다. 일본인의 종교의식의 바탕은 내세관이라고 할 수 있다. 내세관에는 현세로부터 타계를 엿보고 내세와의 합일을 동경하면서 거기에 몸을 맡기고자 하는 정서가 들어있다고 한다. 오키나와섬과 아마미오시마섬 등의 남도에서 전해지는 니라이가나이(이상향) 신앙은 내세와 현세의 상호신뢰의 끈으로 볼 수 있다. 저자는 일본인들에게 내세는 현세로부터 바라지만 얻지 못하는 갈망의 세계이며, 잃어버린 낙원에 대한 탄식이 들어있는 세계라고 한다.

이상으로 책의 내용 가운데 몇 가지를 간추려 보았다. 우리의 서낭당과 같은 일본 시골마을의 민간 종교들은 과거 일본정부가 군국주의의 이념으로 설정한 천황제 이데올로기에 의하여 철저하게 파괴되고 외면당했기 때문에 종교학자들과 민속학자들에 의하여 민간신앙의 흔적들을 다시 찾는 작업이 이루어지고 있다. 저자는 오키나와섬과 아마미오시마섬을 중심으로 잊혀져가는 민간신앙의 흔적들을 면밀히 조사하여 일본인의 신관, 내세관, 생사관 등에 대한 성격을 밝히고자 하였다. 일본의 종교서적에서 신이나 신체(神体)라는 말을 자주 사용하는데, 일본에서는 우타키나 신사 등의 크고 작은 성역 혹은 성물을 신이라고 표현하고, 거울이나 신주(神主) 같은 성물을 신체라고 표현하고 있다. 특히 봉재(奉齋) 혹은 제신(祭神)이라는 말은 신사에서 어떤 특정한 영혼을 신으로 모셔서 숭배한다는 뜻으로 이해하여야 한다.

한국의 독자들을 위하여 가능한 쉬운 말로 번역하고자 하였고, 일본의 종교용어와 고유명사는 한자를 병기하였으며, 훈독은 일본어 발음에 가까운 한글을 사용하였다. 일본식의 연대는 서력을 병기하였고, 어려운 용어는 간략한 해설을 붙여서 독자들의 이해를 쉽게 하고자 하였다. 가깝고도 먼 나라라는 말로 불리는 일본을 더 잘 알기 위해서는 오랜 역사를 통하여 형성해 온 일본인들의 세계관과 가치관을 이해하여야 하는데, 이를 위해서는 종교적 전통을 통하여 계승된 정신과 신앙을 이해하여야 한다는 생각에서 이 책을 번역 출판하게 되었다. 기꺼이 출판을 허락해 준 연세대학교 출판부와 수고해 주신 선생님들에게 감사를 드린다.

역자 **조 재 국**

사진 출처

- 제1장 우타키(오키나와) Wikipedia
- 제2장 히라세 만가이 http://www.flet.keio.ac.jp
- 제3장 신슈 도오야마 유다데 마츠리 http://www.tohyamago.com
- 제4장 미야고지마섬 반고산 아마데라스오미가미 신전
  http://kaminavi.jp
- 제5장 시마네현 미호신사 아오후시가키 마츠리
  http://blogs.yahoo.co.jp
- 제6장 오키나와 해신제 http://festivals.trarelaroknd.jp
- 제7장 오키나와 나라이가나이 이시가키지마섬 마츠리
  http://blog.livedoor.jp
- 제8장 미야고지마섬 무녀들 http://www.flet.keio.ac.jp

일본의 신들

옮긴이 조재국
지은이 다니가와 겐이치
펴낸곳 연세대학교 대학출판문화원

주 소 서울시 서대문구 연세로 50
전 화 02) 2123-3380~2
팩 스 02) 2123-8673
ysup@yonsei.ac.kr
http://www.yonsei.ac.kr/press
등 록 1955년 10월 13일 제9-60호
인 쇄 (주)네오프린텍

2014년 6월 18일 1판 1쇄
2015년 6월 15일 1판 2쇄

ISBN 978-89-6850-067-1 (03200)

값 12,000원